JOÃO CÂNDIDO
O ALMIRANTE NEGRO

CB047268

Alcy Cheuiche

JOÃO CÂNDIDO
O ALMIRANTE NEGRO

3ª EDIÇÃO

Texto de acordo com a nova ortografia.

1ª edição: primavera de 2010
3ª edição: janeiro de 2020

Capa: Marco Cena
Revisão: Patrícia Yurgel e Jó Saldanha

CIP-Brasil. Catalogação na Fonte
Sindicato Nacional dos Editores de Livros, RJ.

C451j

Cheuiche, Alcy, 1940-
    João Cândido, o Almirante Negro / Alcy Cheuiche. – 3 ed. Porto Alegre, RS: L&PM, 2020.
    176p.; 21 cm

    ISBN 978-85-254-2080-0

    1. Cândido, João, 1880-1969. 2. Marinheiros - Brasil - Biografia. 3. Brasil - História - Revolta da Esquadra, 1910. 4. Rio de Janeiro (RJ) - História. I. Título.

10-4464.   CDD: 926.2913
                        CDU: 929:629.7

© Alcy Cheuiche é representado pela Agência da Palavra – Agenciamento Literário e Projetos Editoriais

Todos os direitos desta edição reservados a L&PM Editores
Rua Comendador Coruja 314, loja 9 – Floresta – 90.220-180
Porto Alegre – RS – Brasil / Fone: 51.3225-5777

PEDIDOS & DEPTO. COMERCIAL: vendas@lpm.com.br
FALE CONOSCO: info@lpm.com.br
www.lpm.com.br

Impresso no Brasil
Verão de 2020

A NARRATIVA LIBERTÁRIA DE ALCY CHEUICHE

*Flávio Loureiro Chaves**

Certos acontecimentos da vida brasileira sumiram dos registros ou foram "esquecidos" no baú dos guardados. Terá sido impossível apagá-los completamente da memória coletiva; mas excluindo-os do relato tentou-se uma manobra de subvalorização. Alguns historiadores do Rio Grande do Sul (cujo prestígio não é desprezível) eliminaram dos seus compêndios a Revolução de 1893. Nada consta. Foi o mais sangrento dentre todos os conflitos que a província padeceu e ambos os lados dedicaram-se fartamente ao ritual da degola, espalhando barbárie e vilania. Então, sobre isto se passa como gato em cima das brasas.

Outros fatos tiveram repercussão nacional mais ampla e, não sendo tão fácil o apagamento, foram filtrados na engrenagem perversa da ideologia. A insurreição que Antônio Conselheiro capitaneou em 1897 nas paragens do sertão nordestino seria vista até hoje como recidiva monarquista, não fosse a denúncia de Euclides da Cunha. Ao publicar *Os Sertões*, em 1902, ele atribuiu ao texto a marca dum "livro de vingança", reivindicando a avaliação sociológica e política do genocídio perpetrado em Canudos, sobretudo fazendo soar a palavra dos marginalizados.

Os exemplos poderiam multiplicar-se, mas esses dois que ofereci são de eloquência suficiente. Prefiro sublinhar um aspecto decorrente. A partir da edição de *Os Sertões* instaurou-se uma linhagem "euclidiana" na cultura brasileira e sua escala de importância só fez aumentar daí em diante. O traço identitário dessa tendência se estabelece justamente quando a literatura

---

* Professor de literatura brasileira, portuguesa e latino-americana, ensaísta e crítico literário.

retifica as omissões ou distorções dos registros cartoriais. A História do Brasil se põe como uma fonte praticamente inesgotável do imaginário, transbordando os limites do depoimento factual ou da exposição didática para buscar o significado profundo dos acontecimentos, em discursos tão distantes entre si no fundo e na forma quanto *O Chalaça* de José Roberto Torero, *A Majestade do Xingu* de Moacyr Scliar ou *Avante, soldados: para trás* de Deonísio da Silva. Vale destacar, portanto, que foi a narrativa de ficção que numa impressionante frequência fisgou a História antes que os historiadores o fizessem. Basta que se leia o processo da degradação política em *O Arquipélago* de Erico Verissimo, a denúncia da impostura getulista nas *Memórias do Cárcere* de Graciliano Ramos, a ópera amazônica de Márcio Souza em *Galvez, Imperador do Acre*. A questão dimensiona-se dialeticamente na intercessão entre História e Literatura e constitui uma das linhas de força mantida em tensão máxima no cenário da modernidade.

A Revolta da Chibata, que eclodiu na esquadra brasileira em 1910, é um desses episódios relegados à zona de sombra e inscreve-se num período tumultuado da nossa vida social. Ainda crepitavam na lembrança as brasas de Canudos e da Revolução Federalista; em 1904 deu-se a Revolta da Vacina e, logo depois, em 1912, teve lugar a Guerra do Contestado; em vários pontos do país os movimentos anarquistas manifestavam-se com extrema violência. Os marinheiros que apontaram os canhões para a cidade do Rio de Janeiro não pretendiam mais do que a abolição de um castigo cruel e a garantia mínima dos direitos sonegados fraudulentamente num regime de servidão feudal. A perspectiva de hoje pode entretanto articular antecedentes e consequentes; sob este ângulo explica-se de certa maneira que o acontecimento tenha adquirido a proporção da tragédia. E explica também o desinteresse ulterior dos historiadores, intencional ou não. Trata-se, mais uma vez, dos excluídos. Teria sido necessário dar voz aos que não a têm. Examinando o alentado volume da *História do Brasil* chancelado e editado há poucos anos pela mais prestigiosa universidade do país, constato que a insurreição de 1910 não é sequer citada.

Alcy Cheuiche encarou o desafio redigindo *João Cândido, o Almirante Negro*. Não recuou diante do tema tão emaranhado nos arquivos do passado e na versão dos escribas oficiais. O solo firme em que ele trafega é uma estrita pesquisa dos fatos, ora garimpando a imprensa da época, ora recuperando documentos já amarelecidos pelo tempo ou, ainda, transcrevendo (e respeitando) a contraditoriedade de alguns testemunhos. A narrativa estrutura-se na sequência de capítulos breves cuja precisão cronológica, aliada à objetividade do discurso, dispensa ornamentos beletristas.

O autor desta obra não é entretanto um historiador. É um narrador, um criador de ficções que encontrou no controverso episódio da Chibata, menosprezado pelos historiadores, a matéria para exercer o seu ofício. Define-se aí uma ética e um estilo, a sua maneira de enfrentar (ou subverter) a realidade aparente, indagando aquilo que permanece oculto, verbalizando o que ainda não foi dito, iluminando então a zona de sombra. No seu caso esta vem a ser uma das funções primordiais da literatura. Provou-o nos livros precedentes, que não deixarei de mencionar. *Sepé Tiaraju* constitui o romance dos Sete Povos das Missões. *Ana sem Terra* propõe uma leitura da tradição gaúcha desdobrada pelo lado avesso. *Nos Céus de Paris*, propondo uma outra pesquisa minuciosa, busca compreender a personalidade enigmática de Santos Dumont. E o acervo das crônicas reunidas *Na Garupa de Chronos* equilibra o incidental e o permanente ao intuir aquela porção do fantástico que está subjacente à realidade cotidiana. Em qualquer dos casos a História é o fundamento da Literatura; mas só a Literatura expressa a nossa condição histórica.

Neste sentido pode-se advertir a marca substantiva de *João Cândido, o Almirante Negro*. A estrutura episódica é quase o andamento de uma reportagem, assegurando a veracidade do relato. No entanto, o ficcionista privilegia em igual medida o imaginário. Isto ocorre de maneira quase imperceptível e na medida em que se vai impondo como protagonista a figura de João Cândido. No desenho de sua personalidade concorrem a memória da infância, o folclore do terrunho, sonhos ou desejos asfixiados e afinal o grito da revolta que não irá calar. E, assim, recorta-se uma personagem imaginária sobre o tecido áspero da realidade fotografada e comprovada. Se os fatos alinhavados poderiam constar de qualquer abordagem jornalística, o resultado final é muito mais do que isso. João Cândido – contradição rediviva a qualquer tirania – traduz nossos mitos e neles uma irrefreável força de libertação. Só a palavra do romancista pode nos conduzir até aí.

Alcy Cheuiche pertence à família dos narradores que transitam entre a matéria histórica e a criação das personagens que daí se desprendem para habitar a fronteira do imaginário. Por isso mesmo são definitivas. A razão é simples e ao mesmo tempo muito complexa. Verbalizou-a Cecília Meireles no *Romanceiro da Inconfidência*, um texto localizado na mesma encruzilhada em que o jogo dos contrastes faz entrever o destino do homem:

> Liberdade – essa palavra
> que o sonho humano alimenta;
> que não há ninguém que explique,
> e ninguém que não entenda!

Neste limiar aconteceu a Revolta da Chibata e precisamente aqui João Cândido inicia sua trajetória. Então, Alcy Cheuiche tece a narrativa – *João Cândido, o Almirante Negro*.

À presença de fatos como este, só o que sinto no mais íntimo da minha alma é a miséria da linguagem humana, esgotada, gasta, já sem serventia para servir de látego sobre a cabeça de criminosos desta categoria e desta monstruosidade.

Rui Barbosa
(Sobre o assassinato de marinheiros, prostitutas, marginais e trabalhadores após a Revolta da Chibata.)

A un heroe negro
Ante las viejas montañas, ante el océano libre
que vieran por seis jornadas tremolar tu pabellón,
yo esculpiré sobre imágenes que duren
la victoria de tus naves, victoria del nuevo mundo,
con la simple inscripción:
A ti, las salvas de los cañones,
A ti, el trueno de mi canción.

Álvaro Armando Vasseur
(Poeta uruguaio. Trecho do poema publicado pela primeira vez em 1912.)

Dedico este livro a Edmar Morel, Hélio Leôncio Martins, Mário Maestri, Maria do Rosário, Aldir Blanc, João Bosco, Elis Regina e todos os demais que ajudaram a tirar João Cândido da sua última masmorra, o esquecimento.

ALCY CHEUICHE
Porto Alegre
Primavera de 2010

Sumário

O bambaquererê – *Encruzilhada, outono de 1888*..................17
Por duas garrafas de cachaça – *Rio de Janeiro, 15 de novembro de 1910*..................19
Os Lanceiros Negros – *Rio Pardo, verão de 1889*..................23
Ogum mata com razão – *Rio de Janeiro, 16 de novembro de 1910*..................25
O Negrinho do Pastoreio – *Campos do interior de Rio Pardo, verão de 1890*..................29
Um jantar no navio francês – *Baía da Guanabara, 22 de novembro de 1910*..................34
O relógio do pai – *Rio Pardo, verão de 1890*..................38
A noite dos amotinados – *Baía da Guanabara, 22 de novembro de 1910*..................41
A Revolta da Armada – *A bordo do transporte de guerra Ondina, dezembro de 1893*..................45
Um poeta perdido na noite – *Rio de Janeiro, 22 de novembro de 1910*..................48
Ao preço de dois ovos fritos – *Rio Purus, estação das águas, ano de 1902*..................52
Os canhões dão as ordens – *Rio de Janeiro, 23 de novembro de 1910*..................55
O encouraçado *Potemkin* – *Newcastle-on-Tyne, Inglaterra, outono de 1909*..................58
Um lenço vermelho no pescoço – *Rio de Janeiro, 23 de novembro de 1910*..................61
A passagem do Equador – *A bordo do* Minas Gerais*, 4 de abril de 1910*..................67
Como uma tainha lanhada para ser salgada – *Câmara Federal, 23 de novembro de 1910*..................70
O encouraçado *Minas Gerais* chega ao Brasil – *Rio de Janeiro, 17 de abril de 1910*..................74

Rui Barbosa entra em ação – *Senado Federal, 24 de novembro de 1910*..........77
Um marinheiro no Palácio do Catete – *Rio de Janeiro, maio de 1910*..........84
O Leão-Marinho e a reação da armada – *Rio de Janeiro, madrugada de 25 de novembro de 1910*..........87
Rua dos Inválidos, número 71 – *Rio de Janeiro, 13 de novembro de 1910*..........92
Almoço no Restaurante Brahma – *Rio de Janeiro, 25 de novembro de 1910*..........95
Velas para o Negrinho do Pastoreio – *Rio de Janeiro, noite de 21 para 22 de novembro de 1910*..........99
O Almirante Negro retira seu lenço – *Baía da Guanabara, 26 de novembro de 1910*..........103
Não repetir os erros do encouraçado *Potemkin* – *Baía da Guanabara, 23 de novembro de 1910*..........107
A coragem de dizer a verdade – *Rio de Janeiro, 27 de novembro de 1910*..........110
Duas crianças mortas – *Baía da Guanabara, 23 de novembro de 1910*..........114
O rugido do Leão-Marinho – *Rio de Janeiro, 28 de novembro a 7 de dezembro de 1910*..........117
Os amotinados comemoram a anistia – *Junto à Ilha Redonda, 25 de novembro de 1910*..........122
A Ilha das Cobras – *Rio de Janeiro, 10 de dezembro de 1910*..........125
O interrogatório – *Rio de Janeiro, 13 de dezembro de 1910*..........129
Fora da solitária número 5 – *Ilha das Cobras, 25 de dezembro de 1910*..........133
Dentro da solitária número 5 – *Ilha das Cobras, 25 de dezembro de 1910*..........136
O médico e o monstro – *Rio de Janeiro, 25 de dezembro de 1910*..........138

Nos porões do *Satélite* – *Rio de Janeiro, 25 de dezembro de 1910*..141
Amigo do diabo – *Rio de Janeiro, 18 de abril de 1911* 143
O destino final dos degredados – *Olinda, Pernambuco, 30 de maio de 1911*...147
O sonho da liberdade – *Rio de Janeiro, 13 de maio de 1911* 152
O julgamento dos amotinados – *Ilha das Cobras, 29 de novembro de 1912*..157
A Bíblia rasgada – *Ilha das Cobras, 30 de novembro de 1912*..161
A sentença da justiça militar – *Ilha das Cobras, 1º de dezembro de 1912*..165
Epílogo – *Rio de Janeiro, primavera de 1953*........................170

O BAMBAQUERERÊ
Encruzilhada, outono de 1888

O menino acordou com o batuque. *Por alguns momentos, ficou de olhos fechados, tentando dormir novamente. Quando a névoa do sono se dissipou o suficiente, abriu os olhos e continuou no escuro. Sentou-se na beira da cama muito baixa e levantou-se, sentindo nos pés o chão de terra socada, duro e frio. Caminhou com cuidado entre os outros catres, para não acordar os irmãos. Foi até a janela e abriu-a, empurrando as tábuas ásperas. O som dos tambores redobrou de intensidade. Entre as árvores de um bosque próximo, percebeu luzes que acompanhavam o batuque, piscando junto a outra bem maior, certamente uma fogueira.*

Que horas devem ser? O menino olhou para o céu em busca do Cruzeiro do Sul, como o pai o ensinara nas tropeadas. Localizou as quatro estrelas com facilidade, graças às duas de brilho mais forte, que sempre apontam para elas. Pela posição inclinada à esquerda, devia ser mais de meia-noite, um pouco mais. Sorriu, orgulhoso do cálculo, e resolveu conferir no relógio de bolso, que seu pai sempre deixava pendurado pela corrente na guarda da cama. Sentindo frio, voltou para perto do catre, agora enxergando bem na obscuridade. Calçou os tamancos e enfiou pela cabeça um bichará, um poncho curto de lã crua, que lhe servia de cobertor. Abriu a porta que dava para a outra peça do rancho, esperando ouvir o ronco conhecido, capaz de espantar o gado e fazer os cachorros latirem.

Silêncio completo, até o som dos atabaques não se ouvia mais. O menino atravessou o quarto guiado pela luz da vela do oratório de sua mãe. Um simples caixote de madeira com a imagem de Nossa Senhora. Ninguém na cama de casal. Pegou o relógio redondo, de metal prateado, abriu-lhe a tampa com a unha do polegar direito e conferiu a hora, com dificuldade, porque o mostrador tinha números romanos. Duas e vinte e cinco.

Caminhando pelo trilho das rodas da pipa, o menino ouvia agora os tambores muito próximos. Junto da cacimba, era forte o cheiro de fumaça e carne assada. Não demorou a sentir também o odor acre de corpos suados e viu que muitas pessoas dançavam em torno de uma grande fogueira. São João no mês de maio? Que outra festa de igreja podia ser aquela? E assim, com o povo festejando no mato, no meio da madrugada?

Escondido numa touceira de maricás, o menino começou a reconhecer as pessoas que dançavam, sapateavam, rodopiavam, erguiam os braços para o céu. Homens e mulheres, amigos dos seus pais, gente dali da fazenda e do arraial da Encruzilhada, dançando quase nus, sem nenhuma vergonha. As mulheres com os seios descobertos, as coxas brilhando de suor, encostavam os corpos contra os homens e recuavam, saltavam, aproximavam-se de novo, acompanhando o ritmo frenético dos atabaques.

Com os olhos arregalados, o menino sentiu a boca seca, o coração em disparada, quando reconheceu o pai. E diante dele, dançando no mesmo ritmo alucinado das outras mulheres negras, os seios fartos balançando em liberdade, estava a mulher mais bela de todas, a sua mãe.

Por duas garrafas de cachaça
Rio de Janeiro, 15 de novembro de 1910

Mãos grandes e braços compridos. Todo o corpo coberto por uma penugem loura, asquerosa, que lembrava aos marinheiros os pelos púbios das velhas prostitutas polacas. Mas ninguém dizia nada. Os músculos de ferro de Alípio afastavam o olhar até dos mais valentes. *Chibateiro, assassino, filho da puta* eram palavras aprisionadas na cabeça de todos. Prisão perpétua. Embora Alípio fosse um marinheiro comum, ninguém o fitava nos olhos. Eram proibidos, como no tempo da escravatura, de manter a cabeça erguida diante de seus superiores. Essa atitude dava a Alípio galões de oficial. E ele olhava direto nos olhos de toda a tripulação do navio. Até do comandante.

Alípio sacudiu a cabeça, contrariado. De todos, não. Havia aquele negro, João Cândido, que olhava sempre dentro dos seus olhos. Um olhar sem ódio, mas que grudava nele pelo resto do dia. Duas moscas varejeiras que voavam e tornavam a pousar. Além disso, aquele urubu nojento era a única pessoa mais alta do que ele no navio.

O carrasco afastou o negro agigantado de seus pensamentos e tentou sorrir, num esgar de dentes brancos, quase perfeitos. Ele era o chibateiro do *Minas Gerais*, um dos três navios de guerra mais poderosos do mundo. Gêmeo do *São Paulo*, o outro encouraçado comprado da Inglaterra a peso de ouro. Os dois juntos poderiam derrotar, sozinhos, um país inteiro. Somente os ingleses possuíam um navio igual, um único, mas na marinha deles não havia mais castigos físicos há muitos anos. Por isso, Alípio e Luís Apicuim, o carrasco do *São Paulo*, eram os chibateiros mais poderosos do mundo.

Alípio possuía até uma cabine para seu próprio uso. Um cubículo que o protegia de amanhecer com uma faca enterrada nas costas. Ali, naquela noite quente, nu da cintura para cima, cumpria um ritual que o enchia de legítima emoção. Estava preparando uma chibata nova para ser usada no dia seguinte, logo depois do nascer do sol.

Com gestos lentos, tirou do baú um cabo de linho da grossura do seu polegar e mediu duas braças e meia. Sacou do bolso uma navalha, abriu-a e cortou a corda com um único talho. Colocou o pedaço menor dentro de um balde com água e guardou o resto no baú. Pronto. Agora teria de esperar uma hora até a faina seguinte, a mais importante para preparar uma boa chibata.

O homenzarrão suspirou, fungou duas vezes e escarrou no piso de aço. O que faria para matar o tempo? Vendo que ainda estava com a navalha na mão, deu dois passos até o fundo do cubículo. Tinha ali um tripé com uma bacia e um jarro com água meio podre. Pegou uma velha caixa de charutos que estava no apoio do tripé e tirou de dentro dela o espelho pequeno, o afiador de couro, o pincel de crina e um naco de sabão. Sentou-se na beira do catre e começou a passar a lâmina da navalha no afiador. Com o movimento ritmado, uma estranha luz foi-lhe clareando as ideias. Uma luz branca, como a do lampião novo que a mãe usava no seu casebre, lá nos confins de Niterói. Se ele perdesse o emprego de chibateiro, como iria botar comida dentro daquela casa? Quem iria cuidar da velha e das suas três irmãs solteiras?

Alípio contraiu os maxilares. Sabia dos rumores que circulavam entre os quinhentos marinheiros do *Minas Gerais* e de outros navios fundeados na Baía da Guanabara. Uma negrada assassina que só podia ser domada a relho. O que fariam eles se a Marinha acabasse com a chibata? Iriam cair de bêbados e dormir pelo convés. Iriam pegar à força os grumetes até na frente dos oficiais. Impossível manter aquela corja na linha sem o medo que tinham de morrer apanhando.

A navalha devia estar no ponto. Experimentou-a cortando uma calosidade do dedo indicador. Melhor que fosse o pescoço do negro João Cândido, aquele urubu com jeito de manso, mas que era o pior de todos. Ele não perde por esperar. Dizem que nunca apanhou de chibata. Melhor assim. Eu ainda vou ser o primeiro a lanhar aquelas costas largas.

Alípio aproximou o rosto do espelho apoiado numa reentrância da parede de aço. Cabelo louro agrisalhado, duro, cortado curto, nascendo a três dedos das sobrancelhas cerradas. Nesse mínimo espaço da testa, nenhuma ruga na pele branca e sardenta. Olhos verdes, muito grandes, parecendo sempre arregalados. Nariz quebrado, lembrança de algumas lutas de boxe, lá longe, na adolescência. Boca quase sem lábios, queixo quadrado e forte. Pouco a pouco, foi cobrindo o rosto com a espuma que fazia brotar girando o pincel dentro de um caneco.

Alguns minutos depois, com o rosto barbeado, sentiu-se bem para preparar a *sua* nova chibata. Uma técnica herdada de diversas gerações de chibateiros da Marinha de Guerra. Engoliu em seco, antegozando o momento em que ouviria o ruflar dos tambores. O momento tão esperado em que ergueria a chibata para dar o primeiro golpe. Como seria o marinheiro pendurado ali diante dele, com as costas nuas contraídas, à espera do castigo? Um covarde que começaria a urrar e a urinar desde as primeiras chibatadas? Um esperto que fingiria desmaiar? Um valente que sofreria calado, mordendo os lábios até brotar sangue?

Alípio sentiu a pele do rosto ardendo e lembrou-se de que não tinha álcool para passar. Pensou um pouco e foi remexer outra vez no interior do baú. Tirou dele duas garrafas de cachaça que ganhara de presente naquela tarde. As mesmas que o marinheiro Marcelino trouxera para bordo do encouraçado, prometendo uma para o maior puxa-saco dos oficiais.

Baiano burro. O cabo Valdemar o delatou na hora e Marcelino foi preso e amarrado pelos pés numa argola de ferro do tombadilho. O comandante diz que não gosta da chibata, mas aqueles olhinhos de porco e o bigode atravessado na cara como uma cobra nunca me enganaram. Mandou o tenente dele me chamar e encomendar o castigo para amanhã cedo. Vou abrir esta garrafa de uma vez. E com os dentes, para me dar sorte.

O cheiro de cachaça tomou conta da cabine. Alípio bebeu no gargalo e depois passou um pouco da bebida no rosto ardido. Será que Marcelino vai aguentar a mão? Duvido. Mas para dar uma navalhada no delator, ele teve coragem. Cortou só de leve, porque os guardas que estavam levando ele com a desculpa de ir mijar puxaram a corrente na hora. Mas foi bom para garantir o castigo, pensou, sorrindo. Cachaça com sangue só pode dar chibata. E deu mais uma longa mamada na garrafa.

Logo depois, Alípio agachou-se ao lado do balde e mergulhou a mão direita para tatear o cabo de linho. Parece que está encharcado no ponto. Agora vamos espichar esta beleza no chão e botar os *dentes de jacaré*.

Foi outra vez ao baú, pegou um alicate e uma bolsinha cheia de agulhas de aço, muito finas e mais curtas que a grossura da corda. Eram elas que iriam dar o peso certo e a capacidade de *morder* da nova chibata, quando estivesse seca. As antigas, com um cabo de madeira e nove tiras de couro, chamadas de *gato de nove caudas*, fazem muito barulho e menos estragos, mas esse nome continua sendo usado. A lei manda dar, no máximo, 25 chibatadas, uma ninharia que só derruba os fracotes. Geralmente, os comandantes deixam surrar muito mais, porque sabem que é pouco. Este Batista das Neves, eu ainda não sei. Se o baiano estiver firme, vamos ver se ele me manda parar...

Uma a uma, as agulhas de aço foram sendo fixadas na corda, até cobrirem uma braça de comprimento. A outra braça e meia, mais flexível, facilitaria os movimentos circulares sobre a cabeça do supliciado, antes de cada pancada.

Os Lanceiros Negros
Rio Pardo, verão de 1889

O menino olhou fascinado para as mãos grossas do avô. Apoiadas sobre os joelhos, pareciam cascas de corticeira queimadas pelo fogo. Em movimento, quando ele falava, lembravam pássaros em revoada, ora negros, ora brancos. E quando o velho lhe apontou o dedo indicador, para reforçar suas palavras, sentiu um frio na barriga, como se fosse o culpado de tudo.

– Demoraram demais, o Imperador e a Princesa Isabel demoraram demais.

– Para... para que, vovô?

– Para libertar a gente. O Imperador esteve aqui, logo depois da paz com os farroupilhas. Se tivesse aproveitado a força que tinha naquela hora, ele e o General Caxias podiam ter acabado com a escravatura. Mas ele foi rei junto com essa maldade até a barba crescer por cima do peito e ficar branca. E velho, doente, foi fácil eles derrubarem ele, mandarem para longe do Brasil.

– E quando Dom Pedro veio aqui, o senhor... viu ele, vovô?

As mãos ergueram-se lentamente e desenharam o contorno de um corpo.

– Vi bem de perto, com aquela farda nova, brilhando. Era alto e magro, muito branco, louro, quase um menino.

– E por que o Imperador veio aqui, vovô?

O velho sorriu, mostrando as gengivas nuas.

– Porque foi aqui, João Cândido, que os lanceiros negros deram a maior surra nos soldados dele. Hoje tem gente que diz que foi mentira, mas não foi. Eu vi com esses olho aqui os barco fugindo rio abaixo. Correu tanto sangue que o nosso barro ficou vermelho para sempre por causa disso. Vermelho como o lenço que os lanceiros usavam no pescoço.

— E eram muitos... os lanceiros negros, vovô?

As mãos ergueram-se várias vezes em revoada.

— Muitos, muitos, enchendo as ruas de Rio Pardo, todos a cavalo, cabeça erguida, olhando na cara dos brancos. Chega a me dar um aperto no coração...

Com a mão direita sobre o peito descarnado, o velho baixou a cabeça. No silêncio repentino, o menino ouviu bem perto o canto de um bem-te-vi.

De repente, as mãos ganharam nova vida, a direita apontando para o lado do sul. A voz soou mais rouca, como travada por um pigarro.

— O que me dói até hoje é que eu não fui junto com eles. Até a banda do Império os lanceiros obrigaram a desfilar de ponta a ponta da cidade, tocando alto diante deles, e levaram o maestro e os músicos para Piratini. E eu não fui. Eu não fui com eles.

João Cândido olhou as lágrimas que se formavam nos olhos do avô e também sentiu vontade de chorar. O ancião respirou fundo, as mãos apertando os joelhos como garras.

— Eles mandavam dar mil chibatadas nos escravos que se juntassem aos farroupilhas e fossem agarrados de novo. Surravam até matar o infeliz e se botavam nas mulheres, judiavam as crianças da gente dele...

O menino levantou-se e caminhou para a porta do casebre, sabendo que as próximas palavras do avô iriam chicotear as suas costas.

— Eu tive medo, guri, muito medo. Nunca pude usar aquele lenço vermelho. Não tive direito.

João Cândido voltou-se para o velho e repetiu também sua fala:

— Mas o papai e o senhor lutaram na Guerra do Paraguai. Foram valentes.

As mãos ergueram-se com dificuldade, como se os braços estivessem pesados de correntes.

— O Imperador mandou nos levar à força para a guerra, milhares de escravos. Não foi valentia. Ninguém lutou pela liberdade. Só se matava para não morrer...

Ogum mata com razão
Rio de Janeiro, 16 de novembro de 1910

O marinheiro Marcelino Rodrigues Menezes já estava algemado no meio de dois guardas, quando ouviu a voz de comando:
— Forma! Forma!
E atordoou-se com o ruído de milhares de passos ressoando sobre o convés. Erguendo os olhos, sentiu-se diminuto frente aos canhões gigantescos recortados contra o céu do amanhecer. Rapidamente, os marinheiros vestidos de branco foram compondo as filas, mantendo rigorosa distância uns dos outros. Em posição mais elevada, os oficiais em uniforme azul, luvas brancas e espada à cinta aguardavam a chegada do comandante.
— Sentido!
Acompanhado pelo ajudante de ordens, segundo-tenente Armando Trompowsky, o capitão de mar e guerra João Batista das Neves chegou em passo marcial. Era um homem de cerca de cinquenta anos, atarracado, cabeça enterrada entre os ombros largos. Seus olhos negros, normalmente tranquilos, pareciam faiscar naquela manhã. Seu rosto era uma máscara de energia reprimida. Veterano provado em mais de trinta anos como oficial da Marinha de Guerra, tivera papel de destaque na Revolta da Armada de 1893, comandando o cruzador *Andrada*. Sua coragem e capacidade de comando mereceram destaque no combate de 16 de abril, quando foi torpedeado o *Aquidabã*. Era comandante do *Minas Gerais*, desde a saída do encouraçado dos estaleiros de Newcastle-on-Tyne, na Inglaterra, no dia 4 de fevereiro de 1910. Uma honra a ele atribuída pelo então Ministro da Marinha, Almirante Alexandrino de Alencar, que fizera muita gente roer as unhas de inveja.

Quando constatou que havia silêncio absoluto, Batista das Neves ergueu a voz poderosa, capaz de ser ouvida por todos os subordinados em posição de sentido no tombadilho.
– Tenente Trompowsky! Leia o boletim de justiça e disciplina!

Marcelino mal ouviu as razões oficiais de seu chibatamento, enumeradas, uma a uma, pela voz estridente daquele tenente branquela e melado que para ele, baiano, parecia um estrangeiro com a farda brasileira. Da posição em que estava não podia ver Alípio, mas sabia que o chibateiro devia estar por perto. Até parecia sentir o seu cheiro de carniça.

Onde estaria João Cândido? Ergueu um pouco a cabeça e não tardou a identificar o marinheiro pela sua altura, na segunda fila diante dele. Seu amigo tinha a fisionomia carrancuda, um vinco profundo no meio das sobrancelhas. Mas, quando seus olhos se encontraram, Marcelino sentiu uma energia nova. E soou-lhe dentro do peito a canção do sacrifício no ritual de Ogum:

Ogum pá lelê pá
Ogum pá ojarê
Ogum pá koropá

Ogum mata com razão. Eu não posso morrer por causa de duas garrafas de cachaça e um corte leve de navalha. Valdemar está bem vivo, só fizeram um curativo no navio de registro, nem foi mandado para o hospital. E eles querem me matar a chibatadas. Não importam as palavras solenes desse polaco enfezado. Não importa a cara de macho do comandante. Ele não me engana. Está com o quepe puxado até as sobrancelhas. Garanto que viu o Alípio com a chibata na mão e já começou a ficar com vergonha. *Ogum pá lelê pá,* Ogum mata com força. *Ogum pá ojarê,* Ogum mata com razão. *Ogum pá koropá,* Ogum mata completamente.

Terminada a leitura do boletim, dois marinheiros tiraram as algemas e a parte superior do uniforme branco de Marcelino. Depois, sem violência, o suspenderam ao *pé de carneiro*, ferro que se prende à balaustrada do navio. Centenas de olhos acompanhavam cada movimento. O sol já brilhava sobre as águas azuladas da baía. Um ruflar de tambores anunciou o início do castigo.

Alípio aproximou-se, nu da cintura para cima, um orangotango mais humano que animal. João Cândido tentou atrair seu olhar, mas o chibateiro parecia hipnotizado pelas costas de Marcelino, de um moreno cor de chocolate. Girou o *gato de nove caudas* sobre a cabeça do marinheiro e aplicou-lhe a primeira chibatada.

– Uma!

Marcelino chegou a perder o fôlego, tamanha a dor que sentiu. Um murmúrio de protesto percorreu as fileiras dos marujos, abafado pelas batidas dos tambores. João Cândido teve que dominar-se para não romper as fileiras e arrancar a chibata das mãos de Alípio. Mas foi para o comandante e para os oficiais que seu olhar se dirigiu, um a um, lentamente. Um olhar sem ódio, pegajoso e frio.

– Duas!

Marcelino engoliu o grito, apertando os dentes a ponto de trincá-los.

– Três!

Ai, meu santo, meu orixá, meu anjo da guarda, se não gritar, eu vou morrer. Mas não gritou na quarta, na quinta, na décima, na vigésima chibatadas.

– Vinte e uma!

Agora faltam só quatro. Eu tenho que gritar, se não eles não param. Ogum, meu pai. Ogunhê... Ogunhê... Não consigo nem chorar.

– Vinte e quatro!

João Cândido olhou para os vergões sangrentos e sentiu seu corpo tremer. Tu tens que gritar agora, Marcelino, grita agora, pelo amor de Deus...

– Vinte e cinco!

Os tambores se calaram. Um frêmito passou pelas filas dos marinheiros. Todos os olhares buscando o rosto do comandante, principalmente os olhos claros e arregalados de Alípio. Dali em diante, nenhuma lei justificava mais o castigo.

Por alguns segundos intermináveis, pareceu que o oficial vacilava, que teria compaixão. Mas Batista das Neves não tardou a empinar o peito e inclinar levemente a cabeça. O chibateiro arreganhou os dentes brancos e aplicou a vigésima sexta chibatada.

João Cândido fechou os olhos por alguns momentos. Sentiu-se covarde e abriu-os para a cena degradante. Alípio parecia uma máquina, uma locomotiva que resfolegava e repetia os movimentos com absoluta precisão. No meio das costas, mais para a esquerda, mais para a direita. E a chibata foi-se empapando de sangue. Sessenta, setenta, oitenta, noventa chibatadas. Dois oficiais, envergonhados, viraram o rosto em mudo protesto. Os marinheiros não os esqueceriam na hora da verdade.

– Noventa e nove!

Marcelino teve certeza que iria ceder na próxima chibatada. Urrar de dor diante de todos os colegas, chorar e soluçar como uma criança. Mas, de repente, sentiu na boca um gosto forte de cachaça, *otim*, a bebida preferida de Ogum. Ouviu o tilintar das correntes de ferro que o prendiam, os ferros do colar de Ogum. E o ruflar dos tambores mudou de ritmo, soando claramente o *ajagun*, toque guerreiro de Ogum.

Após a centésima chibatada, nos braços do seu anjo da guarda, o marinheiro de segunda classe Marcelino Rodrigues Menezes perdeu completamente a consciência. Seu corpo encharcado de *otim*, blindado pela crença ancestral, não sentia mais dor, nem mesmo estremecia a cada novo golpe. Mas a chibata continuou cortando suas carnes e fazendo pingar sangue sobre o convés do encouraçado *Minas Gerais*, o navio mais moderno, mais poderoso do mundo.

E o suplício só terminou quando Marcelino recebeu a última das 250 chibatadas. Dez vezes mais do que permitia a Marinha de Guerra, limite que nenhum comandante, por mais insensível e cruel, jamais ousava ultrapassar.

O Negrinho do Pastoreio
Campos do interior de Rio Pardo, verão de 1890

*E*ra uma vez um negrinho sem pai nem mãe. Um escravo infeliz que vivia numa estância com milhares de cabeças de gado. Mas seu patrão pouco se importava quando morria alguma vaca ou se sumiam muitas delas. Sua paixão eram os cavalos. E o negrinho nascera irmão desses animais. Jamais montava em um deles, xucro ou domado, sem conversar com ele, acariciar-lhe levemente a testa, saber se ele queria ser montado. Então, quando havia consentimento, saltava de um pulo no lombo do animal, sem nenhum arreio, e os dois pareciam formar um mesmo corpo, adivinhar os desejos um do outro.

O menino de dez anos ouvia, embevecido, a história tantas vezes contada pelo avô. A chuva caía mansa sobre a quincha do rancho, feita de capim santa-fé. As chamas do fogo se refletiam no rosto negro do velho peão e nas suas mãos em movimento. Alguns homens dormiam ou fingiam dormir sobre os arreios cobertos de pelegos. Cheiro de picumã, de suor velho, de fumo forte. Junto do narrador, sentado em tocos de madeira serrada, dois tropeiros ainda tomavam mate, um deles o capataz da tropa, pai de João Cândido. E era ele que enchia a cuia com água quente, entornada da chaleira de ferro, muito preta e cascuda.

Quando o narrador pegava a cuia e sorvia o mate pela bomba de metal, a história morria. Mas logo a bomba roncava no fundo do porongo, e a voz voltava a soar no mesmo tom monocórdio, já meio falhada pela idade.

Esqueci de dizer que na fazenda havia uma capela, onde a mulher do patrão, muito devota, fazia rezar missa nos dias santos de guarda. Um padre vinha de Rio Pardo ou Cachoeira e fazia batizados, casamentos, comia bastante e partia com moedas tilintando no bolso da sotaina. Comida e dinheiro dados pela patroa, *escondida do marido, um sovina que fazia sua gente passar fome. Um desses padres de passagem batizara o menino escravo, mas, como seus pais foram vendidos para bem longe, quando o negrinho perguntava, ninguém sabia quem eram os seus padrinhos. Foi assim que aquele guaxo, por sua própria conta, escolheu a Nossa Senhora como madrinha.*

O menino João Cândido enxergou em sua mente a imagem azul e branca de Nossa Senhora dos Navegantes, no oratório da mãe, que seu avô só chamava de Iemanjá. E sentiu uma emoção que lhe apertava a garganta.

Pois de uma feita, o patrão do negrinho comprou lá por Porto Alegre um cavalo muito caro, de carreira, que vivia dentro de casa, como gente. O diabo é que o bicho era brabo, desconfiado, e meteu um coice, lastimando feio o peão que o montava. Na falta de outro corredor, veio o negrinho. Conversou com o cavalo baio, quase branco, passou a mão nele, um cheirou o outro, e logo saltou naquele lombo liso e macio. Começou a correr na frente da casa, depois campo afora, e o patrão ganhou confiança nele. Atou uma carreira por muitos patacões de ouro com um vizinho, dono do cavalo mais afamado da região.

A cuia voltou para a mão do avô e João Cândido ficou cismando. Como seria aquele cavalo lindo, que vivia dentro de casa, como gente? Difícil de saber, mas decerto bem diferente dos cavalos que ele e os outros tropeiros montavam. Animais bons de serviço, mas baixotes, peludos da saída do inverno, alguns cabeçudos, outros com orelhas cabanas, meio caídas. Quando a bomba roncou no fundo da cuia, um sorriso iluminou-lhe o rosto. E viu com nitidez o cavalo branco de São Jorge, aquele da imagem da igreja, o santo guerreiro que seu avô chamava de Ogum.

Bueno, pois me esqueci de dizer que o patrão tinha um filho malvado que nem ele, a fruta cai no lado do pé. O tal piá vivia fazendo judiarias e botando a culpa nos outros, principalmente no negrinho. Furou o olho de uma vaca leiteira, botou fogo no paiol de milho, e era o infeliz que apanhava de relho, sempre quieto e não acusava o outro. E de que adiantaria dizer a verdade? Se alguém acreditasse, nunca ia ser o pai daquele guri mimado.

João Cândido distraiu-se e pensou: "Se fosse eu, eu fugia naquele cavalo do São Jorge". Imaginou-se, por alguns momentos, dentro da armadura do santo, mas voltou logo a olhar as mãos que desenhavam imagens, a beber as palavras que brotavam dos lábios murchos do avô.

Pois, como ia contando, no dia da carreira tinha gente que não acabava mais dos dois lados da cancha. Debaixo da gritaria do povo, que tinha jogado muito e já abusara um pouco da cachaça, os dois cavalos, coladinhos um no outro, correram parelhos desde o partidor. Mas tinha uma diferença. O cavalo alazão era surrado o tempo todo, e o negrinho só erguia o chicote, o corpo curvado, falando macio perto do ouvido do baio. Todo mundo achou que o cavalo do negrinho ia ganhar, quando ele parou de repente e quase derrubou o piá. Alguém atirara uma cobra morta na frente do baio, uma cruzeira de mais de metro e, depois, muitos juraram que tinha sido o guri malvado, o filho do patrão, só para prejudicar o negrinho. Mas provar, ninguém podia. A verdade é que o cavalo alazão ganhou a carreira, o sovina teve que pagar um monte de moedas de ouro e, naquela tarde, de volta na estância, o negrinho apanhou de relho até desmaiar.

De noite, o patrão mandou que desamarrassem o escravo do palanque e lhe disse:

– Vou atar o baio aqui, também de castigo, e tu vais ficar a noite toda acordado cuidando dele e de todos esses cavalos que estão na mangueira. Se algum fugir, eu te mato, eu mesmo, a chibatadas.

Lá pela meia-noite, louco de cansado, o negrinho dormiu. E o filho do patrão soltou a cavalhada, que lá se foi, em grande correria, tendo na frente o baio.

O negrinho acordou antes que dessem o alarme, entrou na capela e rezou para Nossa Senhora, sua madrinha. E foi como se ela falasse com ele e sorrisse, mostrando um toquinho de vela aceso no altar. O negrinho pegou a vela e saiu no escuro atrás dos cavalos. Cada pingo de sebo que caía virava numa luz forte que foi iluminando o campo, deixando tudo claro como se fosse dia.

O menino encontrou a tropilha, montou no baio e trouxe todos os cavalos para casa, antes do amanhecer.

Embora sabendo o que vinha pela frente, João Cândido suspirou, pedindo um milagre. Mas a voz do avô ia seguir contando toda aquela malvadeza até o fim.

Não adiantou nada ter encontrado os cavalos. O que o patrão queria mesmo era vingar-se do negrinho pelo dinheiro que perdera. E mandou atá-lo, outra vez, no palanque e ele mesmo o surrou com a chibata até cansar o braço. Depois veio outro malvado, e outro, até o negrinho virar numa pasta de carne lanhada e coberta sangue. Aí o patrão, vendo que o menino estava morto, mandou atirá-lo num formigueiro. Que as formigas comessem até os ossos os restos daquele infeliz.

João Cândido olhou para o avô como quem pede socorro. O velho sabia que era hora de contar a parte boa da história. Pigarreou e concluiu:

Por todo o dia e toda a noite, o negrinho ficou ali no formigueiro. Já manhã clara, o patrão foi ver se sobrava alguma coisa dele e parou como se tivesse visto uma assombração: o menino estava vivo, sem nenhuma ferida, e sorria para ele. E o mais impressionante é que, por detrás dele, estava a Nossa Senhora, toda de azul e branco, com os braços abertos, os dois subindo para o céu num facho de luz.

Muita gente viu o milagre, de longe, mas todos tinham medo de se aproximar.

Quando a peonada se encorajou, os homens encontraram o estancieiro morto na frente do formigueiro, com os olhos arregalados, o rosto torcido numa careta de pavor. Do corpo do menino, nem sinal.

E foi assim que os gaúchos começaram a fazer promessas para o Negrinho do Pastoreio, um santo da igreja do povo. Se a gente perde uma coisa, é só acender uma vela e pedir. O negrinho nos leva direitinho onde o objeto foi perdido...

João Cândido ficou pensativo, olhando agora para o pai, que tirava o relógio redondo de um bolsinho da guaiaca:

– *Como dizia a tua avó, entrou por uma porta e saiu pela outra, quem quiser que conte outra... Mas ninguém vai contar. São quase nove horas e amanhã temos que entregar esta tropa na charqueada antes do meio-dia.*

O menino se acomodou na cama de pelegos, mas custou a dormir, os olhos nas brasas morrentes do fogo. Perdeu o sono, um pouco pelos roncos do pai e muito por um pensamento que se aninhara na sua cabeça raspada. Será que o negrinho só acha objetos perdidos? Será que não acha outras coisas, que a gente não quer, mas sabe que vai perder?

UM JANTAR NO NAVIO FRANCÊS
Baía da Guanabara, 22 de novembro de 1910

No dia 15 de novembro tomara posse o novo Presidente da República, Marechal Hermes da Fonseca, que vencera Rui Barbosa em eleição muito disputada. Delegações de diversos países tinham comparecido à cerimônia e a maioria dos barcos estrangeiros ainda estava no Rio de Janeiro. Entre os visitantes, dois navios de guerra chamavam atenção por razões diferentes. Um deles era o português *Adamastor*, que parecia nanico junto aos enormes encouraçados brasileiros. E os cariocas, na tradição de troçar com os portugueses, diziam que o navio era *pequeno por fora e grande por dentro*, tal a quantidade de marinheiros que saíam dele, se espalhavam pelos prostíbulos do porto e enchiam as galerias do Circo Spinelli.

O outro navio que estava na boca do povo era o cruzador francês *Duguay-Trouin*. Um jornalista lembrara que era esse o nome de um corsário que atacara o Rio de Janeiro no século XVIII. Mercenário pago por Luís XIV, ele limpara seu nome ao derrotar ingleses e holandeses em diversas batalhas navais, chegando ao posto de almirante em 1728. O artigo do *Jornal do Commércio* ficara por aí, mas o povo, orgulhoso dos novos navios da Marinha de Guerra, começara a murmurar que o *Duguay-Trouin* certamente estaria no Brasil para espionar nossa frota.

Tal boato chegara aos ouvidos do comandante do navio francês, Maurice de Saint-Etienne, que não lhe deu importância. Mas, para estreitar relações com os colegas brasileiros, convidou o comandante do *Minas Gerais* para jantar no *Duguay-Trouin*.

Um jantar *en petit comité* em que Batista das Neves foi acompanhado apenas do Tenente Trompowsky.

Homem culto, Batista das Neves falava francês corretamente. E encantou também a todos pelos conhecimentos navais e a sinceridade de suas opiniões.

– Acredito que os senhores conheçam cada detalhe do navio sob o meu comando, até porque os ingleses querem vender seus *dreadnoughts* também para a França, segundo noticiaram os jornais de Paris.

O comandante francês apenas inclinou a cabeça.

– *Vous avez raison, cher Monsieur*, toda a razão. Um colosso como o seu navio, veloz e com espessas couraças, armado com esses doze canhões de 305 milímetros, além dos outros trinta de menor calibre, só pode nos deixar *rêveurs*, nos fazer sonhar.

O oficial brasileiro bebeu um gole de vinho e inclinou a cabeça, lisonjeado.

– Vosso governo poderia tê-los comprado com maior facilidade do que o nosso. Não escondo o sacrifício que fizemos. Nossa marinha estava uma verdadeira colcha de retalhos.

– Como assim?

– Desde o fim da Guerra do Paraguai, em 1870, quando ainda estávamos com uma frota digna desse nome, nossos navios envelheceram e poucos foram trocados. Há três anos, aconteceu aqui mesmo, nesta baía, um fato que nos mostrou como estávamos certos em pressionar o governo para uma mudança radical.

Saint-Etienne acudiu a cabeça, desconsolado.

– Nosso governo também foi pressionado, mas achou que o preço dos *dreadnoughts* é alto demais. Estamos investindo em projeto próprio, ainda nas pranchetas, como deve saber... Mas diga-me, *si je ne suis pas trop curieux*, se não sou curioso demais, que fato foi esse que vos levou a modernizar a frota?

O brasileiro elogiou a sobremesa, uma deliciosa *tarte aux amandes*, e respondeu a pergunta.

– Em dezembro de 1907, a Esquadra dos Estados Unidos, que fazia uma volta ao mundo, veio nos visitar. No dia da partida, estávamos em nossos velhos navios, invejosos, vendo aquelas unidades modernas e homogêneas em correta formação, quando o Almirante Alexandrino de Alencar, nosso Ministro da Guerra, ordenou-nos acompanhar os visitantes até fora da barra. Cumprimos a ordem com nossas sucatas flutuantes e foi aí que aconteceu o *fiasco*.

Batista das Neves olhou para o Tenente Trompowsky, que conhecia a história, e fez uma careta tão expressiva que todos tiveram que rir. Nesse meio-tempo, foi servido o café. O comandante brasileiro ergueu a xícara de porcelana chinesa e bebeu em pequenos goles, saboreando também a curiosidade de seus ouvintes. Depois, prosseguiu:

– Como é comum por aqui, nas tardes de verão, desabou um temporal de noroeste, com chuva torrencial, e a visibilidade desapareceu.

– *Du brouillard?*

– Exatamente, *un brouillard*, uma névoa espessa que, felizmente, também costuma espalhar-se logo, em poucos minutos. Mas foi o que bastou para espalhar também a nossa frota, parca de exercícios conjuntos, tal a sua velhice e diversidade. Quando tudo clareou, nossos navios estavam vergonhosamente esparramados, enquanto a esquadra norte-americana transpunha a barra em impecável formação.

Saint-Etienne suspirou e sorriu amigavelmente.

– *Bien, mon ami*, felizmente tudo isso agora é passado. No dia da posse do Marechal Presidente, eu os vi manobrando e me imaginei no comando de um de vossos encouraçados. *Bravo!* Se alguém pode ter inveja, agora somos nós.

Batista das Neves entendeu imediatamente a sugestão.

– Eu teria um grande prazer em levá-los ao *Minas Gerais*, para que o senhor e sua oficialidade nos retribuíssem a visita. Até consultei meus superiores a esse respeito. Infelizmente, tivemos há poucos dias um problema de indisciplina e nossa tripulação está inquieta. Um mau momento para comemorações a bordo.

– *Le chat à neuf queues...*

Fez-se um silêncio embaraçoso, após a observação de Saint-Etienne, dita entre dentes. Mas Batista das Neves não se deixou intimidar.

– Sim, o *gato de nove caudas*. Um absurdo para quem não castiga mais seus marinheiros há meio século, mas necessário dado o baixo nível de nossas tripulações.

– Exatamente, *Monsieur*, sua cultura histórica é invejável. Desde 1860 não temos mais castigos físicos em nossa Marinha de Guerra, prática absolutamente proibida em toda a Europa. Mas este é um assunto que não nos diz respeito. Eu peço desculpas por o haver mencionado.

– Estamos ancorados muito próximos. Certamente, alguns dos senhores devem ter visto ou ouvido...

– Acompanhamos a movimentação em vosso convés e cuidamos de saber o motivo. Eu mesmo vi pelo binóculo os primeiros... açoites e tratei de deixar apenas oficiais no tombadilho. A faxina nos beliches manteve ocupados os nossos marinheiros no interior do navio.

Os dois brasileiros sustentaram os olhares dos franceses. Felizmente, o jantar estava no fim. Foram servidos os licores e feitos alguns brindes convencionais. Todos ficaram aliviados quando os visitantes apertaram algumas mãos e desceram do portaló até a lancha que os aguardava para levá-los de volta ao *Minas Gerais*.

O RELÓGIO DO PAI
Rio Pardo, verão de 1890

A mão enluvada acariciou de leve a cabeça do menino. *No rosto estreito, sob o bigode espesso, de pontas viradas para cima, brotou um sorriso bom.* Mas João Cândido, de início, mal percebeu a fisionomia daquele oficial da Marinha de Guerra, dono de muito gado, que era seu padrinho, conforme lhe dissera o pai. Estava fascinado pelo uniforme de gala, principalmente pelas dragonas douradas nas extremidades dos ombros. No peito largo, a bombordo, do lado do coração, apenas duas medalhas. Um odor que nunca sentira em homem, nem em mulher, foi lhe invadindo as narinas. Era de flor, mas não de laranjeira, misturado com cheiro de roupa recém-passada.

O capitão de fragata Alexandrino de Alencar também contemplou o menino.

– Que idade tem ele, João?

– Dez anos, senhor.

– Parece que tem mais, é bem crescido, mas dez anos é a idade certa para ser aprendiz de marinheiro. O que ele fez de errado?

– Deu com uma canga de carreta na cabeça de um tio dele, um irmão meu que foi escravo do seu João Felipe. Só derrubou ele, coisa de nada. Mas o patrão tava perto e mandou entregar o guri para o senhor.

Vestindo bombachas novas de riscado, casaco de ir à missa, as botas velhas bem engraxadas com sebo de ovelha, o tropeiro ficou apertando o chapéu de abas largas nas mãos enormes. No rosto negro, marcado de rugas, as narinas amplas sugavam o ar com um leve ruído. Custou a articular outras palavras:

– O seu Felipe disse que nos navio vão quebrá o corincho dele, vão tirá o couro do guri, senhor.

O comandante sorriu novamente, os olhos castanhos, normalmente autoritários, pousando suaves no rosto do peão.

– Fica sossegado, que eu vou cuidar dele até chegar no porto do Rio Grande. Depois, na escola, vou recomendar para gente minha. Em dois ou três anos, se for igual ao pai, vai estar pronto para prestar serviço na Armada.

– Obrigado, muito obrigado, senhor.

– Outra coisa, diz para minha comadre Ignácia que eu agradeço o cuidado com as minhas roupas. Para engomar as camisas, não tem como ela. Mas que não ponha nada de lã na minha bagagem, essas coisas que fazem volume. Desta vez vou ficar mais tempo no Rio de Janeiro. E lá faz calor todo o ano, você sabia?

– Não, senhor. Deve ser bom para o gado, os bois não emagrecem no inverno.

Alexandrino teve que achar graça.

– Você tem razão, pena que por lá tenha mais gente que bichos. Moram umas oitocentas mil pessoas na capital.

João Cândido tirou os olhos dos botões dourados do uniforme de Alexandrino e fixou-os no pomo de adão do padrinho, que subia e descia no seu pescoço fino, acima do colarinho engomado. Como é que ele poderia viver junto com esse mundão de gente? E imaginou o oficial saindo daquele sobrado da Rua General Osório, ao lado do teatro, e entrando na maior procissão que vira em Rio Pardo. Parecida com a da Festa do Divino, mas maior, muito maior, com as pessoas caminhando lado a lado, tomando conta das ruas estreitas, saindo pelas estradas, subindo e descendo as coxilhas, até espalhar-se pelos campos, cobrindo tudo, como uma praga de gafanhotos.

O pomo de adão seguiu subindo e descendo, ao ritmo das palavras do comandante. Um relógio de parede bateu nove pancadas em tom solene. Alexandrino agitou-se, olhando para a porta da sala.

– Agora tenho que sair para falar na Câmara Municipal, uma maçada. Até amanhã, João, e não se esqueça, vamos levantar âncora ao clarear do dia. Que o menino vá se acostumando, tudo tem horário dentro dos navios.

Noite escura na hora do embarque, com o céu anunciando chuva. Cheiro de alcatrão e lodo remexido. No rosto, as lágrimas da mãe, ainda quentes. Apertado na mão direita, o relógio redondo do pai. Nas costas, uma bruaca de couro novo com as suas coisas. Nada de botas de garrão de potro, nem pés descalços. As alpargatas uruguaias, de sola de corda, não escorregavam na subida do trapiche. Chegou ao convés e meteu-se num canto para não atrapalhar o movimento dos marinheiros. Pela primeira vez iria descer o Rio Jacuí até Porto Alegre. Depois, não tinha nem ideia. Nenhum mapa para imaginar a viagem pela Lagoa dos Patos até o porto de Rio Grande.

Quando o menino se deu conta, as margens bordadas de mato ganharam vida e começaram a se mexer para trás. O sol já nasceu quente e alguém lhe deu uma caneca de café preto e uma bolacha dura. Quando viu um lote de gado pastando num descampado, sentiu outra vez vontade de chorar.

Não lembrava mais de como chegara até o beliche bem do fundo, dentro do navio a vela que estalava muito, uma relíquia da Guerra do Paraguai. Só lembrava da primeira noite. Daquela mão peluda que lhe tomara o relógio do pai, do cheiro ruim da boca do homem, e da voz bem perto do seu ouvido:

— Dá ele pra mim, que eu não deixo ninguém tocar nessa tua carne macia.

Deixou que ele ficasse com o relógio, mas passou a noite em claro, sem chorar. No pescoço, por baixo da camisa, confiava no escapulário da mãe e na pequena corrente de ferro, com a proteção de Ogum. Mas, por via das dúvidas, no bolso direito da calça, apertava o cabo da faca, outro presente do avô.

A NOITE DOS AMOTINADOS
Baía da Guanabara, 22 de novembro de 1910

Durante o rápido trajeto entre o *Duguay-Trouin* e o *Minas Gerais*, o comandante e seu ajudante de ordens mantiveram-se em silêncio. Ao abordarem o encouraçado, Batista das Neves perguntou a Trompowsky:
– Quem está de serviço no turno das seis à meia-noite?
– O Tenente Álvaro, senhor.
– Preciso transmitir-lhe algumas instruções. Quanto a você, pode aproveitar a lancha e ir dormir em casa.
– Obrigado, comandante.
– Deixe ver as horas, são dez e quinze, ainda é cedo. Amanhã, na primeira hora, como combinamos, deve entregar o meu relatório no Ministério.
– Entendido, senhor.
– E veja bem, tenente, que ele seja entregue sem demora ao Almirante Marques de Leão. Ele necessita dessas informações para sua audiência, amanhã à tarde, com o Marechal Hermes.
– Assim farei, comandante. Boa noite e bom descanso.
A lancha partiu em direção ao cais. O Tenente Álvaro Alberto da Mota e Silva recebeu o seu superior e acompanhou-o até as escadas que desciam para a câmara. Batista das Neves ergueu os olhos para a noite estrelada, ainda pensando no jantar com os franceses. Afinal, apesar do assunto desagradável sobre a chibata, tudo o mais fora um sucesso. E a única coisa que o cruzador deles tem de melhor do que o nosso é a comida, pelo menos, a dos oficiais.
Fazia calor e ele suava sob o pesado uniforme de gala. Embora tivesse bebido moderadamente, sentia uma leve tontura. Nada que um bom sono não ponha no lugar, pensou.
– Tudo calmo a bordo, tenente?

Ficou ouvindo, distraído, as informações de rotina. Mas olhou com simpatia para o rosto redondo e bem barbeado do rapaz, para seu fardamento de serviço ajustado no corpo e impecavelmente limpo. Um pouco debruçado sobre a meia-laranja da cobertura da escotilha, o tenente apertava a empunhadura da espada com a mão direita.

Batista das Neves tinha orgulho daqueles moços de boa família, oficiais de excelente formação que ele tratava com rigidez, mas queria bem como filhos. Que diabo, champagne, vinho e licor na mesma refeição devem ter me amolecido os miolos.

– Até amanhã, Tenente Álvaro.

– Até amanhã, comandante.

Ao voltar-se para a proa, Álvaro recebeu um golpe de baioneta no ombro e ouviu a gritaria dos marinheiros que se aproximavam:

– VIVA A LIBERDADE!
– ABAIXO A CHIBATA!

O tenente sacou da espada e, mesmo ferido, enterrou-a no ventre do agressor. Arrancou-a com dificuldade e, pisando no próprio sangue, procurou defender-se de outros marinheiros que caíam sobre ele. O primeiro atacante, muito ferido, foi levado em direção à popa, onde dezenas de amotinados se aglomeravam junto à torre baixa.

Batista das Neves, ouvindo o clamor que ecoava pelo navio, foi à sala d'armas e pegou dois fuzis. Entregou um deles ao marinheiro Bulhões, que também subia em direção ao convés, e preparou-se para reagir. Junto da escotilha, encontrou o Tenente Álvaro caído e horrorizou-se:

– Mataram meu filho!

Mas logo viu que o tenente estava vivo e ergueu sua voz poderosa:

– EM FORMA! EM FORMA IMEDIATAMENTE! DENTRO DA DISCIPLINA, OUVIREI TODAS AS SUAS RECLAMAÇÕES!

A única reação às suas palavras foi o redobrar dos gritos:

– NÃO FORMA!
– NÃO FORMA!
– VIVA A LIBERDADE!
– ABAIXO A CHIBATA!

Nesse momento, chegaram da praça d'armas outros oficiais, liderados pelos tenentes Cláudio e Milcíades, que cercaram o comandante e repeliram um ataque dos marinheiros. A ordem de formar foi repetida, mas poucos a atenderam.

Álvaro se esvaía em sangue, gemendo e dizendo que iria morrer. Aproveitando uma pequena trégua, Batista das Neves mandou que fosse arriado um escaler. E que o Tenente Milcíades acompanhasse o ferido até o navio de registro, o vapor *Andrada*, onde permanecia o médico de plantão. Suas ordens foram cumpridas com grande dificuldade. O escaler afastou-se debaixo de tiros, com alguns marinheiros fiéis ocupando os remos.

Foi nesse momento que uma barra de ferro atingiu a cabeça do comandante, derrubando-o. O Tenente Cláudio e o marinheiro Bulhões correram em seu auxílio e fizeram com que os atacantes recuassem.

– Desça para a câmara, comandante – lhe pediu Cláudio, amparando sua cabeça ensanguentada.

– Não saio daqui de jeito nenhum, só me ajude a levantar.

Foi quando o Tenente Cláudio levou um golpe de baioneta que lhe atravessou o ombro direito. Urrando de dor, tentou manter-se de pé. Um grumete veio em seu auxílio e ambos foram fuzilados à queima-roupa. Logo a seguir, o comandante, atingido por um golpe de machadinha, voltou a cair no convés.

Impondo sua autoridade aos poucos marinheiros que ainda os obedeciam, os tenentes Castro e Lahmayer conseguiram que fosse baixado um escaler. Quando o barco chegou ao nível da água, Castro recusou-se a embarcar sem o comandante.

Ajoelhou-se ao lado dele, com as balas silvando sobre a sua cabeça, e apertou a carótida do homem encharcado em sangue. Vendo que estava morto, correu para a amurada e atirou-se ao mar, mantendo-se mergulhado até quase estourar os pulmões. Enquanto isso, o tenente Lahmayer e os remadores foram mortos a tiros antes que o escaler saísse do lugar.

No convés do *Minas Gerais*, a gritaria dos amotinados ecoava de proa a popa. Dois tiros de canhão rugiram quase ao mesmo tempo. Sirenes tocavam e enormes holofotes começaram a varrer as águas e os barcos ancorados próximos. Um marinheiro de alcunha Chaminé ensaiou passos de maxixe, sob o riso de alguns marujos, e começou a urinar sobre o cadáver de Batista das Neves.

A Revolta da Armada
A bordo do transporte de guerra Ondina, *dezembro de 1893*

João Cândido trabalhava ajoelhado, lavando o tombadilho imundo. Passava um pedaço de sabão na escova de crina dura e a movia em círculos, com toda a força. Depois de esfregar e ensaboar até o comprimento do seu braço, enxaguava a escova na água suja do balde de madeira, e seguia avançando de joelhos.

Gostava daquela faina porque podia pensar. E, naquela manhã, o mar calmo a perder de vista recordava os campos da sua infância. O olhar de João Cândido enevoou-se. Pensava na mãe, no pai, nos oito irmãos, de quem nunca mais tivera notícias. E o seu avô? Era só fechar os olhos e voltava a enxergar aquelas mãos em movimento, aquela voz que sabia contar histórias. Às vezes, para que elas não lhe fugissem da cabeça, também ele as contara para os colegas da Escola de Aprendizes-Marinheiros. Alguns riam dele, outros ficavam atentos, uns poucos lhe pediam para contar mais. E isso lhe dera uma certa liderança, um prestígio que o ajudara a abrir caminho naquele mato espinhento.

Falar, até que falava bem e convencia as pessoas. Ler, ele aprendera com dificuldade, mas lia com gosto, sempre que podia. Infelizmente, escrever não escrevia direito. O pulso, cada vez mais rijo para todas as tarefas da navegação, cansava logo com o manejo da pena. Além disso, para escrever, também era preciso ter papel e tinta. E, se esse milagre acontecesse, onde encontraria naquele navio um lugar sossegado para escrever uma carta?

A escova seguia fazendo círculos de espuma, como movida por conta própria. João Cândido gozava a tranquilidade do momento. Desde que deixara o porto de Rio Pardo, há pouco mais de três anos, nunca mais ficara sozinho. Estava sempre cercado por gente barulhenta, desbocada, sem piedade com os mais fracos. No quartel da escola, graças ao seu tamanho, conseguira manter algum respeito. Mas agora, a bordo do Ondina, depois de assinar o compromisso de engajamento por quinze anos na Armada Nacional, sentia-se pequeno outra vez. Era rara a noite em que conseguia dormir em paz. Sempre havia um bêbado, um depravado que tentava agarrá-lo à força. Ou algum outro, pior ainda, que fingia protegê-lo para tentar abusar depois. Mais de uma vez, a faca do avô e o medo que os marujos tinham de macumba o protegeram dos mais violentos. Em Rio Grande, sempre que estava de folga, ia espiar escondido o templo de Batuque, mas só de dia, porque à noite era obrigado a dormir no quartel. Ligara-se muito com dois colegas baianos e sabia dizer palavras em nagô para saudar os orixás. Principalmente Ogum, o santo guerreiro.

Esse pensamento lhe recordou a figura imponente do Almirante Saldanha da Gama. Ao lado dele, até o seu padrinho pareceu encolher-se, a única vez que os viu juntos, no dia da formatura dos aprendizes. O capitão de fragata Alexandrino de Alencar sempre o impressionara pela sua autoridade, mas Saldanha surgiu diante do menino marinheiro como a encarnação do São Jorge da sua infância. Riu de si mesmo e avançou mais um pouco de joelhos. É claro que faltava o cavalo branco. Mas aquela farda de gala, com reflexos dourados, nada devia para a armadura polida do santo.

E agora, o que acontecera? O comandante do Ondina, no dia anterior, colocara em forma toda a tripulação para anunciar que o Almirante Saldanha da Gama era um traidor. Um amotinado contra o Presidente Floriano Peixoto, que ameaçava matar gente inocente, bombardear o Rio de Janeiro com os seus canhões. Um monarquista infame que se juntara aos degoladores gaúchos para acabar com a República e trazer de volta a Princesa Isabel.

João Cândido mergulhou a escova na água imunda do balde e ficou pensativo. Na Marinha de Guerra, quase todos os marujos eram negros ou mulatos e apanhavam de chibata como no tempo do seu avô. Na primeira vez que assistira a um desses castigos, ficara dias com aquele sangue diante dos olhos, sem poder comer para não vomitar.

Quem sabe era por isso que o Almirante Saldanha da Gama estava lutando? Para não engajar ninguém mais à força, gente que chegava amarrada nos navios e os oficiais mentiam que eram voluntários. Muitas vezes, homens casados, principalmente nordestinos, que deixavam suas famílias na miséria e teriam que conviver com bandidos tirados das cadeias.

João Cândido passou mais uma vez o sabão na escova e esfregou-a em círculos, com toda a força que podia. Se for para acabar com isso, para engajar só gente direita e não surrar mais os marinheiros, o Almirante Saldanha tem razão. Se for assim, eu não estou enganado. Ele é como o meu santo guerreiro. Ogum pá ojarê. Ogum mata com razão.

O transporte de guerra Ondina, encalhado em um banco de areia, não entrou em combate contra os revolucionários. Foi melhor assim. Quase todos os seus marujos pensavam como João Cândido e teriam seguido Saldanha até a morte.

UM POETA PERDIDO NA NOITE
Rio de Janeiro, 22 de novembro de 1910

A famosa Avenida Central, inspirada na Champs Élysées, de Paris. Dividida ao meio por canteiros arborizados e postes de ferro com lâmpadas acesas, em forma de cachos. O jovem olha para cada detalhe, como fascinado. Parece mentira que está *vivendo* ali e não apenas passeando. Que irá encontrar, numa pensão do centro da cidade, a italianinha que não sai da sua cabeça. A pequena atriz da Companhia Grasso, esguia e flexível como uma gata. Mulher com corpo de menina.

Mira-se no vidro de uma loja de flores, ajeita a gravata e passa a mão direita nos cabelos despenteados, divididos no meio da cabeça. O rosto redondo, quase imberbe, está afogueado. Um poema em italiano começa a desenhar-se em sua mente febril. Mas o rapaz o apaga, desconsolado, e tenta de novo em português. *Teus seios nus em minhas mãos suadas, sereno de amor em muitas madrugadas, a marca do teu corpo nos lençóis.*

Não, por favor, Oswald, com rima não. Chega de parnasianos no Brasil. Lembra de Guillaume Apollinaire. Ergue teus versos brancos como as velas enfunadas de um navio, como as asas de uma pomba da paz. Vamos, tente de novo. É só tirar uma das palavras, *suadas* ou *madrugadas*. Vá, comece de novo. *Sereno de amor, a marca do teu corpo nos lençóis, teus seios nus em minhas mãos suadas.* Você viu, seu teimoso? Tire a rima, mas deixe o ritmo, a melodia do poema.

Meu Deus, que horas serão? Tenho que entrar na pensão e me meter no quarto dela, antes que o Giovani Grasso volte do teatro. *Vechio* sátiro, como ela diz, um bode velho fedorento se esfregando naquela ninfa do bosque. Naquela nereida com cheiro de mar... Não, Oswald de Andrade, pelo amor de *Dio*, chega de temas mitológicos. Deixe os gregos em paz e pense em brasileiro. Nereida nada, filha de Iemanjá. Não passe mais no teu pão essa manteiga rançosa. A poesia anda oculta nos cipós maliciosos da sabedoria.

Oswald tirou o relógio do bolso do colete e sorriu. Dez para as onze. Ainda tenho tempo de sobra. Deu mais alguns passos e parou, ensurdecido por um tiro de canhão. Puta que o pariu, o que será isso? Estilhaços de vidro caíam de uma janela próxima. Um automóvel desgovernado passou raspando por ele e subiu na calçada. Pessoas corriam em direções opostas. Um bonde parou com ruído de ferro contra ferro, a roldana soltando chispas fora do cabo de aço. E logo ribombou nos seus ouvidos um outro tiro de canhão.

No Clube da Tijuca, com seus salões iluminados, os dois tiros causaram imensa comoção. O Marechal Hermes, seus ministros e um imenso séquito ouviam a ópera *Tannhauser*, de Wagner. Mais uma homenagem pela posse do presidente, ocorrida apenas há uma semana. A música parou e alguns oficiais jovens correram para junto das autoridades, buscando protegê-las. Em poucos minutos, o caos generalizou-se. Correria e cadeiras derrubadas. Mulheres amparadas pelos maridos. Leques abanando, como mariposas, uma senhora desmaiada.

Mas aquele homem retaco e calvo não se deixava intimidar facilmente. Fora ele um dos oficiais graduados que ajudara Floriano Peixoto a neutralizar a Revolta da Armada. Se a facção que perdera as eleições queria guerra, ele saberia enfrentá-la. Erguendo a voz, pediu calma a todos e garantiu que ninguém ali corria perigo. Usou mais algumas frases de efeito, foi aplaudido e retirou-se, dignamente, com seus ministros. Era preciso voltar o quanto antes ao palácio do governo.

Enquanto isso, o nosso jovem poeta seguia pela Avenida Central, ainda convulsionada. Caminhando rápido, chegou ofegante à Praça Paris. Algumas pessoas já se aglomeravam no cais. Tentou informar-se do que se passava e lhe apontaram o mar. Luzes verdes e vermelhas brilhavam sobre as águas. Oswald respirou fundo, buscando acalmar-se. E arrepiou-se ao escutar um prolongado toque de sirene. Um gemido lúgubre brotando das entranhas da baía.

Cavalarianos fardados passaram em seus cavalos a trote largo, algumas ferraduras tirando faíscas do calçamento. Automóveis aceleravam, piscando os faróis amarelados. Buzinas roucas assustavam os passantes. O rapaz seguiu margeando a enseada escura em direção aos jardins da Glória. Ninguém na Avenida Beira-Mar. Olhou o relógio de algibeira. Quase meia-noite. Tarde demais para lograr o velho Grasso. Sentou-se num banco de pedra e sacudiu a cabeça, desconsolado. Mas não vou voltar para casa. Preciso saber como é uma revolução.

Perto dali, no Palácio do Catete, o Ministro da Guerra entregava ao Marechal Hermes uma mensagem captada pela estação de rádio do morro da Babilônia. Era a primeira explicação para o movimento rebelde dos navios de guerra.

Não queremos a volta da chibata. Isso pedimos ao Presidente da República, ao Ministro da Marinha. Queremos resposta já e já. Caso não tenhamos, bombardearemos cidade e navios que não se revoltarem. Guarnições Minas Gerais, São Paulo *e* Bahia.

Quatro horas da madrugada. O poeta dormia no mesmo banco da Avenida Beira-Mar. Quando abriu os olhos, estava no meio de uma maravilhosa aurora de verão. Por todos os lados, morros e enseadas surgiam em tons de vermelho-ouro. Oswald levantou-se e respirou fundo a brisa salgada. Virou-se para a baía e sentiu o coração acelerado. Bem na sua frente, três navios de guerra se dirigiam em fila para a saída da barra. E todos ostentavam, numa verga do mastro dianteiro, uma pequena bandeira vermelha de forma triangular.

Emocionado, o poeta abarcou todo aquele quadro com os olhos úmidos e colocou debaixo dele uma única frase: S*erá toda revolução uma aurora?*

Voltou a olhar só para os navios e viu acender-se um ponto de luz no costado do *Minas Gerais*. Quase de imediato soou um estrondo de doer os tímpanos. Alguns peixeiros que se aproximavam deixaram cair seus cestos no chão. Novo ponto de fogo, novo estrondo. Um estilhaço bateu perto, num poste de luz. O poeta e os peixeiros correram para abrigar-se atrás das enormes estátuas do jardim da Glória. O bombardeio continuava acordando a cidade. Os olhos de Oswald faziam linha reta com a boca de fogo. Era terrível o segundo que mediava entre o ponto aceso no canhão e o estouro do disparo. Pensando apenas em sobreviver, o poeta estava perto demais da aurora da revolução.

AO PREÇO DE DOIS OVOS FRITOS
Rio Purus, estação das águas, ano de 1902

João Cândido mantinha o leme firme em suas mãos. *Árvores enormes desciam pela correnteza. Algumas delas, com todos seus galhos e folhas, pareciam pequenas ilhas no meio das águas barrentas. O timoneiro morrera de febre palustre e ele fora obrigado a substituí-lo. Tarefa muito diferente da que aprendera no mar. Um tronco daqueles, se atingisse o navio, poderia avariar-lhe o casco. No porto de Manaus tinham-lhe narrado vários casos de naufrágio naquelas curvas do Purus, perto da foz do Rio Acre. Felizmente, pouco antes do sol se pôr, o comandante ordenou que lançassem âncora. O lugar escolhido foi junto a uma clareira da margem direita, onde algumas malocas de índios tinham sido queimadas. Lugar triste. Desligadas as máquinas, um estranho silêncio envolveu o navio. Muito cedo para os ruídos da noite e tarde demais para a gritaria dos pássaros e guaribas.*

  Os marinheiros ficaram pela coberta, ao ar livre, cumprindo as tarefas de rotina e fugindo do calor, apesar dos mosquitos. A umidade era tanta, que a parte superior dos uniformes mantinha-se encharcada de suor. Que algum fato importante iria acontecer, todos sabiam. O telégrafo sem fio dos boatos sussurrava que seria naquela mesma noite. Desde que deixaram o Solimões, todos os artilheiros estavam a postos. Depois que os seringueiros passaram a lutar pela independência do Acre, nenhum navio de guerra brasileiro tinha chegado tão perto do local do conflito. A ordem era evitar complicações diplomáticas com a Bolívia.

  João Cândido sabia, como toda a tripulação, que o Major Plácido de Castro, um jovem gaúcho, veterano da Revolução de 1893, armara dois mil seringueiros que estavam infernizando as guarnições enviadas de La Paz. Conhecendo cada trilha daquela selva, manejando as mesmas machadinhas que abriam sulcos nas árvores da borracha, eles caíam sobre os inimigos pesados de armas e desapareciam como assombrações. Guerrear contra os bolivianos naquelas matas não assustava ninguém. Então, por que estavam ancorados ali? Por que a Marinha arriscava agora quebrar a neutralidade do Brasil?

A única explicação razoável chegou da cozinha, na hora do rancho. O telegrafista, ao preço de dois ovos fritos, deixou escapar entre dentes a justificativa que faltava: "Esses malditos americanos".

Agora tudo se encaixava na cabeça dos marinheiros. O boato de que a Bolívia arrendara todas aquelas terras para uma empresa americana de extração de borracha deveria ser verdadeiro. E não precisava ser oficial graduado para entender o perigo daquela situação. João Cândido lera nos jornais de Manaus uma declaração de Plácido de Castro explicando a razão maior da sua luta. Se os Estados Unidos comprassem da Bolívia o direito de explorar os seringais do Acre por vinte anos, ninguém mais tiraria os gringos da Amazônia.

Um arrepio percorreu o corpo daquele negro alto e forte. Por dentro do uniforme, acarinhou a corrente de ferro. Tudo está se organizando no meio desta mata, porque o axé toma diversas formas. Corre no sangue da gente, na seiva das plantas, na terra onde elas nascem. O axé envolve todo o mistério, toda a divindade. Sem a força do axé, nada pode existir.

Em 1895, quando Saldanha da Gama morreu em combate no Rio Grande do Sul, o Major Plácido de Castro tinha apenas 22 anos. Depois de perder os seus navios, o Almirante tombou do cavalo, de lança na mão, um cavaleiro marinho. Com a assinatura da paz, Plácido de Castro foi anistiado, mas abandonou o Exército por não aceitar a ditadura de Floriano Peixoto. De temperamento audaz, resolveu embrenhar-se nos fundões da selva amazônica para realizar trabalhos de agrimensor. Ali encontrou milhares de nordestinos fugitivos da seca que matara quinhentas mil pessoas, a maioria no Ceará.

E foi exatamente naquelas regiões perdidas entre os rios Purus e Abunã que Plácido encontrou o seu destino. Depois que alguns aventureiros despreparados para a guerra, como Luiz Galvez e os guerreiros poetas, tentaram fazer a sua independência, o Acre encontrara, afinal, um soldado verdadeiro. Um moço de São Gabriel, cidade a umas trinta léguas a oeste de Rio Pardo, onde cursara a Escola Militar com distinção.

 O que de fato aconteceu naquela noite, João Cândido não saberia dizer. Como não conhecia bem as estrelas do Norte, só recorda que foi no turno da meia-noite às seis. Ele estava no convés do navio, quando a fuzilaria iniciou na outra margem do Rio Acre. De muito longe, as rajadas da metralhadora faziam mais ruído do que estragos, mas era preciso virar o canhão da proa para neutralizá-la. Correu para ajudar os artilheiros e, quando apoiou as mãos na culatra da arma, uma explosão o cegou por completo.

 Caído de joelhos, tentou palpar a corrente de Ogum, mas a mão direita não mais lhe obedecia. Apavorado, com as balas zunindo em seus ouvidos, teve certeza de que ia morrer. Até que lhe veio à boca um gosto forte de cachaça e cessaram todos os ruídos em sua cabeça. E, pouco a pouco, mergulhando no desmaio como um afogado, nada mais viu, nem sentiu.

OS CANHÕES DÃO AS ORDENS
Rio de Janeiro, 23 de novembro de 1910

Ao raiar do dia, o cruzador *Barroso* e o caça-torpedeiro *Timbira* ousaram tirotear com o *Minas Gerais*, que se mantinha sempre em movimento. O encouraçado, como uma fera acuada, os fez calar com os rugidos dos seus canhões. Mas apenas acionou os de menor calibre, os artilheiros mostrando com clareza que as ordens não eram de afundá-los. Poucos minutos depois, o *Minas Gerais* colocou-se ao lado da Ilha de Villegaignon e o *São Paulo* ancorou junto à Ilha Fiscal. Entre os dois gigantes, como em busca de proteção, alinhavam-se os navios rebeldes de menor porte: *Bahia, Benjamin Constant, Primeiro de Março, Floriano, Deodoro*, todos eles com as bandeiras vermelhas nos mastros, mas conservando na proa o pavilhão nacional.

Às seis horas da manhã, os dois *dreadnoughts* e o *Bahia* abriram fogo leve contra as fortalezas de Santa Cruz e Ilha das Cobras, como para provocá-las a uma resposta. Silêncio completo. Responder ao desafio daqueles canhões seria um verdadeiro suicídio.

No Palácio do Catete, uma reunião ministerial transcorria em clima estranhamente lento. Tudo naquela mansão suntuosa parecia abafar os atos e palavras. O teto do salão repleto de pinturas, o aparador de mármore colorido com vasos de porcelana, o tapete vermelho sob a mesa de mogno, a profusão de espelhos refletindo as lâmpadas ainda acesas, nada tinha a ver com a realidade dos canhões que para ali apontavam.

Com voz cansada, o Ministro da Guerra enumerou as medidas que tomara nas últimas horas. Toda a 8ª Região Militar estava de prontidão. Tropas de cavalaria e artilharia já estavam guarnecendo os dois lados da Baía da Guanabara. As fortalezas estavam municiadas e prontas para repelir o ataque.

O Marechal Hermes, na cabeceira da mesa, insinuou que a revolta estava sendo liderada pelo Almirante Alexandrino de Alencar, anterior Ministro da Marinha, que ele substituíra pelo Almirante Marques de Leão. O próprio *Leão-Marinho*, como era chamado em surdina, encarregou-se de negar essa versão:

– O Almirante Alexandrino, neste exato momento, Excelência, está navegando para a Europa no navio italiano *Principesa Mafalda*.

– Mesmo assim, sabemos que ele foi o braço direito de Saldanha da Gama na Revolta da Armada. Nem anistiado deveria ter sido e ficou quatro anos comandando a nossa Marinha... E do Senador Rui Barbosa, o que se sabe?

Desta vez, quem respondeu foi o Ministro da Justiça.

– Sua casa passou a ser vigiada desde ontem à noite. Nenhum movimento suspeito foi observado.

Hermes ficou pensativo.

– É certo que, na época, ele foi contra a anistia de Alexandrino. Mas é um homem muito ambicioso, instável em suas posições. Vamos ver como vai se comportar agora. Seguramente esses marinheiros não estão agindo por conta própria. É preciso saber quem está movendo os cordões por detrás do pano.

O Senador Pinheiro Machado, um dos políticos que mais lutaram pela eleição de Hermes da Fonseca, mesmo sem ser ministro viera à reunião por conta própria. E foi dele a ideia mais sensata, naquele momento.

– Marionetes ou não da facção derrotada nas eleições, os marinheiros estão de posse dos encouraçados e ameaçam destruir a cidade se não forem ouvidos. Pois, então, vamos ouvi-los. Vamos mandar alguém para parlamentar com eles.

Hermes ficou pensativo por alguns instantes.

– Todos sabem que viajei no *São Paulo* voltando da França para o Brasil, e isso há menos de um mês. Recebi todas as provas de estima da tripulação, em todos os níveis. Concordo que mandemos alguém verificar *in loco* o que está acontecendo.

Marques de Leão, veterano da Guerra do Paraguai, sentiu que o sangue lhe subia ao rosto.

— Com todo o respeito, sou obrigado a discordar de Vossa Excelência. E peço-lhe autorização para agir imediatamente contra os navios rebelados.

O Presidente apoiou as mãos sobre a mesa como se fosse levantar-se e respirou fundo, antes de falar:

— A população do Rio de Janeiro já está em pânico. Nós mesmos dissemos ao povo que esses encouraçados são indestrutíveis por armas convencionais. Sabemos que os canhões de 305 milímetros podem reduzir a pó as nossas fortalezas com as guarnições e as famílias dos militares que nelas vivem. Temos toda a população da cidade, um milhão de pessoas, como reféns dos amotinados. Neste momento, são os canhões deles que dão as ordens. Machucando ou não os nossos brios militares, temos que nos curvar.

E, olhando firme para Pinheiro Machado, deu-lhe a autorização para escolher um emissário. De preferência um político hábil, capaz de ser ouvido pelos marinheiros.

O ENCOURAÇADO POTEMKIN
Newcastle-on-Tyne, Inglaterra, outono de 1909

Dez horas da noite. A taberna enfumaçada está repleta de marujos e operários do estaleiro. Fala-se inglês, português e outros idiomas, ao mesmo tempo, entre um e outro gole de cerveja morna. Os canecos de estanho são trazidos até as mesas toscas por mulheres de braços fortes. João Cândido sente-se bem no meio daquela gente. Não existe racismo entre aqueles trabalhadores. Indianos morenos, com seus estranhos turbantes, africanos mais negros que ele próprio, chineses que lhe recordam os índios da Amazônia, ingleses de pele leitosa e cabelos louros, todos trabalham juntos na construção do navio. E deixam as marcas das suas mãos calosas em cada detalhe do novo encouraçado.

Os marinheiros do Brasil sentem-se donos daquele gigante de aço. Daquela fantástica estrutura que já domina a paisagem do porto de Newcastle-on-Tyne. Todos os dias, quando recebem aulas em suas diferentes especialidades, sonham com o momento em que a sua proa afilada vai mover-se e romper as brumas do cais. Todas as noites, aconchegados com os artífices nas tabernas, descobrem mais um pouco dos seus segredos. Começam a entender que os trabalhadores da Inglaterra, tanto operários como marujos, estão muito adiantados em seus direitos. Salários dignos, alimentação decente, horários de trabalho controlados.

The cat of nine tails? Nem pensar. O gato de nove caudas, a chibata que ainda envergonhava a Marinha Brasileira, nem os mais velhos por ali a tinham conhecido. E olhavam horrorizados para João Cândido e seus companheiros. Perguntavam as razões da permanência desse castigo que os aviltava diante dos colegas ingleses. Por que não reagiam? Por que não se uniam aos operários anarquistas?

Dia a dia, mês a mês, as aulas diurnas foram preparando os brasileiros para todas as tarefas de navegação do Minas Gerais. E as aulas noturnas foram abrindo suas mentes para a necessidade de reagir. De levar de volta para casa, junto com aquele navio, a coragem para a conquista de seus direitos.

Naquela noite de inverno, João Cândido ouviu a história mais fantástica de todas que já escutara na taberna. A revolta dos marinheiros russos do encouraçado Potemkin. Um fato recente, ocorrido há apenas quatro anos na Marinha de Guerra do Czar. Foi contada por um marinheiro russo que fugira de seu país e agora trabalhava no estaleiro. Suas palavras, traduzidas de um inglês trôpego e gutural, calaram fundo em todos os ouvintes.

Tudo começou quando o nosso navio estava ancorado na Baía de Tendra, no mar Negro. Na noite anterior, o pequeno contratorpedeiro da escolta tinha trazido mantimentos para bordo, deixando algumas carcaças de boi sobre uma lona, no convés. Ao clarear do dia, o cheiro de podre era insuportável. Uns marinheiros foram chamando os outros e, mesmo acostumados com a péssima comida, decidimos que aquela imundície não iria para o nosso borshtch, o infalível ensopado de carne com beterraba.

Fizemos tanta agitação que o comandante mandou o médico de bordo examinar as carcaças cobertas de larvas e moscas. O Dr. Smirnov, com um lenço protegendo o rosto, atestou que a carne estava em perfeitas condições de consumo – certamente para nós, porque ele jamais comeria aquela podridão.

A carne foi levada para as cozinhas, a sopa preparada, mas nenhum de nós quis comer. Pouco depois do meio-dia, o capitão ordenou que toda a tripulação entrasse em forma na popa do navio. E gritou conosco, mais de seiscentos marinheiros, dizendo que a recusa em comer era um ato de insubmissão. Que poderia até nos castigar com a pena de morte.

Afinal, mandou que dessem um passo à frente os que iriam comer a carne podre, mas só se adiantaram das fileiras uns poucos suboficiais e veteranos. Furioso, o capitão desceu da ponte, deixando o imediato em seu lugar. Este era um notório assassino e logo mandou trazer uma lona para o convés. Selecionou ao acaso doze marinheiros e mandou cobri-los com a lona para serem fuzilados. Assim, sem ver quem estava ali, o pelotão cumpriria as ordens com mais facilidade.

Foi então que todos nós compreendemos o absurdo daquela situação. Doze marinheiros iam morrer porque se recusavam a comer carne podre. E a insurreição explodiu em poucos minutos. As armas do pelotão foram usadas contra os oficiais e sete deles, inclusive o comandante, o imediato e o Dr. Smirnov, foram mortos e jogados ao mar.

O russo calou-se, empinou um caneco de cerveja, e voltou a falar. Por alguns instantes, João Cândido recordou a voz do avô perdida no passado. Como ele saberia contar aquela história, apontar um dedo acusador para o comandante do encouraçado Potemkin, usar suas mãos para desenhar cada cena na penumbra da taberna. Como o avô gostaria de saber que a bandeira vermelha, igual a dos lanceiros negros, tinha sido içada no navio russo rebelado.

O moço brasileiro concentrou-se, outra vez, no relato, enquanto, lentamente, uma lágrima descia-lhe pelo rosto.

Um lenço vermelho no pescoço
Rio de Janeiro, 23 de novembro de 1910

O homem alto, de cabelos grisalhos, ajusta a farda diante do espelho. Deputado pelo Partido Republicano do Rio Grande do Sul, não costuma usar mais aquele uniforme de gala, com ombreiras douradas e chapéu armado. Mas sente-se feliz em ver a sua imagem como oficial de Marinha. Afinal, foi ele quem apresentou na Câmara Federal o projeto para elevar os soldos dos marinheiros, que alguns colegas imbecis, desgostosos com a derrota de Rui Barbosa, obstaculizaram até o desespero. E, agora, quando estourou a revolta, o que irão dizer em sua defesa? Já sabe que um deles, o mais radical antimilitarista, fugiu para Petrópolis naquela manhã com toda a família.

Parlamentar com os marujos amotinados será uma missão difícil. Logo ao amanhecer, os revoltosos tinham enviado para terra os corpos dos oficiais e marinheiros mortos nos navios rebelados. A Armada não irá aceitar essa afronta e ele corre o risco de ficar marcado para sempre como traidor. Mas confia no seu chefe político, o General Pinheiro Machado, e sabe que ninguém mais, senão ele, poderá ser recebido com um mínimo de confiança por aquela gente desesperada.

Realmente, ao chegar ao Arsenal de Marinha, pelas dez horas da manhã, o Deputado e Comandante José Carlos de Carvalho deparou-se com um espetáculo de horror: o cadáver de Batista das Neves com a cabeça rebentada a golpes de machadinha.

Apavorado, contemplou aquele uniforme de gala, igual ao que envergava, mas rasgado, sujo, manchado de sangue enegrecido. Um arrepio percorreu-lhe a espinha e sentiu os maxilares duros como ferro. Naquele momento, a única vontade que tinha era de vingar aquele homem que sabia enérgico, leal, cumpridor de seus deveres. Na câmara ardente improvisada na casa da ordem, jaziam outros oficiais mortos no *Minas Gerais* e no *São Paulo*, lado a lado com marinheiros comuns. Ninguém saberia dizer quais deles eram os assassinos e quem morrera para defender os seus superiores.

Sabedores da sua missão, os oficiais da Marinha e do Exército que estavam no Arsenal não lhe deram o menor auxílio. Alguns, até, viraram-lhe ostensivamente o rosto. O efeito foi contrário ao que esperavam. Ofendido em seus brios, Carvalho ergueu a cabeça e ordenou, em nome do Presidente Hermes da Fonseca, que lhe colocassem à disposição uma lancha. Disse que estava ali a serviço da República e da própria Armada e não recuaria no cumprimento do seu dever.

Quando a lancha, finalmente, encostou no embarcadouro, lembrou-se de que necessitava levar uma bandeira branca. Num gesto macabro, alguém arrancou o lençol que cobria um dos marinheiros mortos e entregou-o ao comandante. E foi com aquela mortalha na proa da lancha que o emissário da paz partiu em direção aos encouraçados.

Passado aquele primeiro momento de desafio, o Deputado José Carlos sentiu tremores nas pernas e nos braços. O suor começou a molhar sua camisa por debaixo da túnica pesada. O sol, quase a pino, tirava reflexos das águas calmas que se abriam à sua frente. Uma embarcação mercante, que vinha em sentido contrário, diminuiu a velocidade e apagou a máquina. Carvalho ergueu-se do seu lugar na proa e mandou atracar a lancha ao lado do pequeno vapor. Após rápida troca de palavras, ficou sabendo que aqueles civis eram portadores de um ofício enviado do *São Paulo* para o Marechal Hermes. Impôs a autoridade de sua farda e recolheu o documento.

E agora? O envelope não estava lacrado. Deveria ou não abri-lo e ler a mensagem dos amotinados? O barco mercante já se afastava, deixando diante da lancha apenas os dois imensos *dreadnoughts*. O deputado não hesitou mais. Deveria saber o conteúdo daquela mensagem, antes de parlamentar com os revoltosos. Abriu o envelope de papel duro, extraiu as duas folhas de seu conteúdo e admirou-se, por alguns segundos, do belo talhe e uniformidade da caligrafia. Depois, leu a carta com sofreguidão.

Rio de Janeiro, 22 de Novembro de 1910. *

Illmo e Exmo. Sr.
Presidente da Republica Brazileira

Cumpre-nos comunicar a V. Exc. como chefe da Nação Brazileira:
Nós Marinheiros, cidadãos brazileiros, e republicanos, não podendo mais suportar a escravidão na Marinha Brazileira, a falta de protecção que a patria nos dá, e até então não nos chegou: rompemos o negro véo que nos cobria aos olhos do patriótico e enganado povo.
Achando-se todos os navios em nosso poder, tendo ao seu bordo prezioneiros todos os officiaes os quais teem sido os cauzadores da Marinha Brazileira não ser grandioza, porque durante vinte annos de República ainda não foi bastante para tratar-nos como cidadãos fardados em defesa da pátria, mandamos esta honrada mensagem para que V. Exc. faça nós Marinheiros Brazileiros possuirmos os direitos sagrados que as leis da República nos faculta, acabando com as desordens, e nos dando outros gosos que venham engrandecer a Marinha Brazileira, bem assim como: retirar os officiaes incompetentes e indignos de servirem a Nação Brazileira, reformar o Código imoral e vergonhoso que nos rege, affim de que desapareça a chibata, o bolo e outros castigos similhantes; augmentar os nossos soldos pelos últimos planos do Illtre. Senador José Carlos de Carvalho; educcar os Marinheiros que não teem competência para vestirem a orgulhosa farda; mandar por em vigor a tabella de serviço diário que a acompanha.

---

* Os documentos transcritos aqui estão com sua grafia original (N.E.)

Tem V. Exc.o prazo de doze (12) horas para mandar-nos a resposta satisfactoria, sob pena de ver a pátria aniquilada.

Bordo do encouraçado "S. Paulo" em 22 de novembro de 1910.

Nota – não poderá ser interrompida a ida e volta do mensageiro.

MARINHEIROS

Carvalho releu a carta e mandou a lancha prosseguir seu trajeto em direção ao *São Paulo*. O fato de o seu nome ser mencionado pelos rebeldes o orgulhava e preocupava ao mesmo tempo. Poderia até ser acusado de cúmplice daquele motim, embora ter sido tratado como senador mostrasse a pouca intimidade que os autores do ultimato tinham com ele. Mas agora sabia que o receberiam com dignidade, o que era essencial para a sua missão.

De fato, quando o *São Paulo* o chamou à fala, sua identificação deu-lhe o direito de ser recebido a bordo com todas as honras. Alguns minutos depois, com a guarnição formada diante de si, perguntou quem se responsabilizava pelos atos que estavam praticando.

– Todos!

Foi a resposta que lhe deu o cabo Gregório do Nascimento, acrescentando a seguir, com voz calma:

– Navios poderosos como este não podem ser cuidados por meia dúzia de marinheiros, por tripulações sempre desfalcadas. O trabalho é redobrado, a alimentação é péssima e os castigos são cada vez mais cruéis.

O comandante passou os olhos pelos marujos em forma, quatro deles guarnecendo a torre dos canhões mais próximos, e impressionou-se com aquela disciplina que não esperava.

– E o que os marinheiros revoltados desejam do Presidente da República? Estou aqui para levar ao Governo Federal todas as vossas queixas. O Marechal Hermes navegou um mês neste navio, e vos tinha em alta consideração.

O cabo compôs a voz e prosseguiu:

– Estamos desesperados. Não queremos mais nossas carnes rasgadas pela chibata. Isso não iremos tolerar mais.

– E o aumento dos vossos vencimentos?

Gregório correu os olhos em volta, como a pedir o testemunho de todos os marujos.

– Isso ainda podemos esperar. Nunca trocamos por dinheiro o cumprimento do nosso dever.

Naquele momento, um telegrafista aproximou-se com uma mensagem para o cabo Gregório. Ele passou os olhos no papel e dirigiu-se a Carvalho:

– É do *Minas Gerais*. Perguntaram quem está aqui e, sabendo que é o senhor, pedem a sua presença o quanto antes possível.

O deputado trocou ainda algumas palavras com o cabo Gregório, certificando-se que a revolta nada tinha a ver com a posse do Marechal Hermes. Desceu do portaló para a lancha e dirigiu-se em marcha lenta para o *Minas Gerais*.

Aquele telegrama solicitando sua presença imediata, além de que fora naquele encouraçado que o motim explodira em primeiro lugar, era a prova de que a liderança do movimento devia estar ali. Se um cabo comandava o *São Paulo*, quem seria o líder maior daquela revolta?

Ao subir a bordo do outro *dreadnought*, cuja tripulação também o esperava em impecável forma, o Comandante José Carlos de Carvalho teve satisfeita a sua curiosidade. Destacou-se das fileiras um negro alto, vestindo um uniforme branco surrado e tendo à cabeça, como os demais marujos, o gorro de pano com o barbicacho preso ao queixo. Chegando diante do oficial, que se mantinha ereto e digno em seu uniforme de gala, bateu continência e disse, com um meio sorriso, a voz tranquila:

— Bem-vindo a bordo, senhor. Sou o marinheiro de primeira classe João Cândido Felisberto, em comando no *Minas Gerais.*

O deputado ficou estarrecido. A única diferença daquele jovem negro para os demais marinheiros era um lenço vermelho que trazia atado ao pescoço.

A PASSAGEM DO EQUADOR
A bordo do Minas Gerais, *4 de abril de 1910*

Q*uem será o Deus Netuno? O ano passado, quando fui para a Inglaterra no Benjamin Constant, eu deveria ser o escolhido. Então, na manhã dos festejos, fui atacado pelas costas. Se a faca daquele miserável não pega na pá do osso, eu teria morrido ali mesmo. Saiu muito sangue, mas hoje só me lembro disso quando a cicatriz dói em dia de chuva. Quem botou a faca na mão daquele grumete? Alguém que não queria me ver como comandante do navio, nem de brincadeira.*

João Cândido, primeiro timoneiro do Minas Gerais, *devia a nomeação ao empenho que tivera no estágio em Newcastle-on-Tyne. O Comandante Batista das Neves foi o primeiro a reconhecer que ele estava apto a manobrar o novo encouraçado. Uma tremenda responsabilidade para um marujo sem galões.*

O marinheiro sorri. Esse mato-grossense carrancudo pode ser durão e até mau para manter a disciplina, mas não gosta de adulador. Ele sabe que não pode confiar nesses almofadinhas que nunca conheceram a navegação a vela. Que nunca foram gajeiros do gurupês, do mastro grande e do traquete. Uns finórios que só falam em máquinas e eletricidade. Eles nos chamam, a nós, os veteranos, de gorgotas, *de velhos ignorantes, mas eu só tenho 29 anos – tá bem, faço trinta agora em junho, mas entrei criança para a Marinha. A esses quatro meses de estudos no estaleiro, eu juntei metade da minha vida navegando por fora e por dentro do Brasil. Até tuberculose eu peguei e só não morri muitas vezes porque o meu Deus não quis.*

João Cândido olhou para a mão direita, que segurava o timão, e espichou o dedo indicador. Faltava a terceira falange, a ponta do dedo arrancada pelo estouro do canhão. Muito pouco para aquele inferno lá na selva amazônica. Até o Coronel Plácido de Castro fora assassinado depois de fazer a independência do Acre e sua união ao Brasil. Mas o axé dele não deixara os gringos entrarem na Amazônia. Morrera como um valente, um justiceiro. Um filho querido de Xangô.

O timoneiro interrompeu seus pensamentos para receber instruções do navegador, passadas pelo oficial de serviço, Tenente Trompowsky. O comandante ordenara que fosse reduzida a distância que separava o Minas Gerais do navio de guerra americano North Caroline, que navegava a bombordo. Respeitadas as medidas de segurança, os dois encouraçados iriam atravessar ao mesmo tempo a linha do Equador.

João Cândido manobrou o timão, encantado com a sensibilidade que ganhara para entender as reações do imenso dreadnought. A distância com o North Caroline foi diminuindo, a ponto de começarem nas pontes dos dois navios os sinais de bandeiras. A passagem da linha imaginária deveria acontecer pelas duas horas da tarde. Até lá, ou seja, dentro de quatro horas, tudo deveria estar pronto para a festa. Um pequeno carnaval que acontecia desde os tempos de Cristóvão Colombo. Ultrapassar o Equador terrestre significa para os navegadores a glória de entrar na outra metade do mundo. E, naquele momento, para os brasileiros, passar do hemisfério norte para o hemisfério sul tinha o doce sabor da volta para casa.

Transportado com todas as honras no encouraçado americano, também voltava para o Brasil o corpo de um homem de bem. Embaixador nos Estados Unidos, Joaquim Nabuco morrera em terra estranha. Aquele pernambucano valente ousara defender, como jovem advogado, um escravo que matara o dono, como vingança por ter sido açoitado em público. João Cândido olhou para o North Caroline e lembrou do momento em que o esquife de Nabuco tinha sido saudado pelas salvas de canhão do Minas Gerais e de todos os navios no porto de Hampton Roads. Não era possível honrar um abolicionista, um amigo da Princesa Isabel, um homem que ousara exigir a doação de terras para os escravos libertados, e permitir que algum marinheiro fosse açoitado naquele navio, em qualquer navio da Armada.

Começou um grande movimento no convés do Minas Gerais. *Barbantes com bandeirolas verde-amarelas foram sendo espichados pelo passadiço, enfeitando as carrancas dos enormes canhões. Sirenes soaram e foram respondidas pelo navio americano, também enfeitado com pequenas bandeiras vermelhas e azuis. Um grupo de marujos batendo tambores aproximou-se do timoneiro e um baixinho hilário, de apelido Chaminé, dançou alguns passos de maxixe diante dele. Os tambores calaram-se, de repente, e outro marujo, com uma máscara de tubarão com enormes dentes, fez uma reverência e, aproximando-se, entregou a João Cândido as divisas de comandante do barco.*

O negro agigantado sentiu o coração pequeno. Seus irmãos o tinham escolhido para ser o Deus Netuno, *a maior autoridade do navio durante os festejos daquele dia. Não podendo abandonar seu posto, apenas inclinou a cabeça e sorriu. Um sorriso raro de grande beleza.*

O bloco animado seguiu com a batucada em direção à popa, e João Cândido respirou fundo, sentindo os olhos enevoados de lágrimas. Tocou na corrente de Ogum, por dentro da túnica, e pronunciou uma prece em Nagô. Depois, passou a manga da túnica no rosto e deu um amplo olhar sobre o navio engalanado. Fixou os olhos nos reflexos coloridos da proa a cortar as águas, e a lembrança da mulher amada rompeu-lhe a couraça protetora. Não existe pecado do lado de baixo do Equador *era uma frase antiga dos marinheiros. Dizem que pronunciada, a primeira vez, pela tripulação que trouxera a família real portuguesa fugindo de Lisboa. A recepção na Bahia fora tão calorosa que o próprio príncipe Dom João deitara-se muitas vezes na areia quente e adotara a comida apimentada. E diz a lenda que nasceram naquelas praias, no ano seguinte, os mulatos e mulatas mais ardentes do Brasil.*

João Cândido abandonou-se ao sonho. Apertou as mãos poderosas contra o timão, como se fosse o corpo negro, vibrante e macio de Aiabá, a sua rainha. Aspirou com delícia o cheiro de suor que o excitava e sorriu novamente, sentindo-se feliz.

Como uma tainha lanhada para ser salgada
Câmara Federal, 23 de novembro de 1910

— Senhor Presidente, Vossa Excelência deve compreender a situação angustiosa que me traz neste momento à presença de meus colegas de Parlamento. A Câmara e o País podem sentir, com tanta sinceridade como eu agora sinto, estes desagradáveis e desastrosos acontecimentos, que tanto comprometem a República e a minha querida corporação, a Armada Nacional. Fui procurado em minha casa pelo ilustre Dr. Rodolpho de Miranda, que ia da parte de meu chefe e estremecido amigo, o Sr. General Pinheiro Machado, dizer-me o que havia chegado ao seu conhecimento acerca do gravíssimo fato, que a Câmara também sabe agora, por informações da imprensa.

"O Sr. General Pinheiro Machado era de opinião que eu fosse oficiosamente a bordo dos couraçados *Minas Gerais* e *São Paulo*, e demais navios que estavam revoltados, para saber o que havia de real e o que era necessário fazer-se para sair de tão inesperada e aflitiva situação.

"Declarei imediatamente que estava pronto a cumprir as ordens de meu chefe e amigo, tanto mais honroso para mim esse dever, que importava em servir à minha classe, à República e ao Marechal Hermes, que agora iniciava as responsabilidades de seu governo.

"Fardei-me e dirigi-me em seguida para o Arsenal de Marinha. Aí vi, na sala de ordem, o cadáver do valoroso comandante do *Minas Gerais*, sacrificado a golpes de machadinha quando procurava conter a maruja amotinada. Flanqueando o ilustre morto, estavam outros corpos de oficiais caídos na luta pelo cumprimento do dever, e alguns cadáveres de marinheiros que haviam sido fiéis aos seus superiores.

"Dizer como encontrei o Arsenal de Marinha seria descrever um quadro feio, de que o momento não aconselha que nos ocupemos, tratando de coisas que nos podem entristecer ainda mais do que a revolta dos marinheiros, que já tanto nos aflige e compromete a administração da Marinha.

"Dificilmente encontrei uma lancha decente para me conduzir e, quando pedi uma bandeira branca, deram-me um lençol que acabava de servir a um dos marinheiros mortos. Arvorei esse lençol e, em viagem, encontrei uma embarcação mercante que vinha do *Minas Gerais* trazendo um emissário com um ofício destinado ao Sr. Presidente da República. Guardei esse ofício para ser entregue por mim a S. Ex.ª, e dirigi-me, então, para bordo do *São Paulo*, que me chamava à fala.

"Logo que fui reconhecido, a sua guarnição formou, permitindo a minha entrada. Uma vez a bordo e recebido com todas as honras, perguntei quem se responsabilizava por aqueles atos.

"Responderam-me: 'Todos!'. E um deles acrescentou: 'Navios poderosos como estes não podem ser tratados, nem conservados por meia dúzia de marinheiros que estão a bordo; o trabalho é redobrado, a alimentação é péssima e malfeita e os castigos aumentam desbragadamente. Estamos em um verdadeiro momento de desespero: sem comida, muito trabalho e nossas carnes rasgadas pelos castigos corporais, que chegam à crueldade. Não nos incomodamos com o aumento dos nossos vencimentos, porque um marinheiro nacional nunca trocou por dinheiro o cumprimento do seu dever e os seus serviços à Pátria'.

"Nessa ocasião, do *Minas Gerais*, perguntaram, pelo telégrafo, quem estava a bordo do *São Paulo*. Responderam que era o Comandante José Carlos. Pediram para me ver. Despedi-me da guarnição do *São Paulo*, recebendo dela todas as continências e seguranças de que seriam fiéis ao Governo do Marechal Hermes. A bordo do *Minas Gerais* fui recebido com todas as honras.

"Aí encontrei a sua guarnição muito exaltada e resolvida à resistência, caso não fossem atendidas as suas reclamações. E, para que me certificasse da justiça do que exigiam, pediram-me para passar mostra ao navio, a fim de ter a certeza de que tudo estava em ordem. 'Nada queremos', disseram-me os marinheiros, 'senão que nos aliviem dos castigos corporais, que são bárbaros, que nos deem meios para trabalhar compatíveis com as nossas forças. V. S.ª pode percorrer o navio, para ver como ele está todo em ordem, e até o nosso escrúpulo, Sr. Comandante, chegou a este ponto: ali estão guardando o cofre de bordo quatro praças, com as armas embaladas; para nós, aquilo é sagrado. Só queremos que o Sr. Presidente da República nos dê liberdade, abolindo os castigos bárbaros que sofremos, dando-nos alimentação regular e folga no serviço. V. S.ª vai ver se nós temos ou não razão.'

"Mandaram vir à minha presença uma praça que tinha sido castigada com a chibata. Examinei essa praça e trouxe-a comigo para terra, para ser recolhida ao Hospital de Marinha. Sr. Presidente, as costas desse marinheiro assemelham-se a uma tainha lanhada para ser salgada.

"Retirei-me de bordo do *Minas Gerais*, trazendo ao Sr. Presidente da República estas informações e fazendo-lhe entrega do ofício que a ele era dirigido. Saltei no Arsenal de Marinha, e ao oficial de serviço entreguei a praça que havia sido chibatada e precisava ser recolhida ao hospital. Em seguida, fui para o Palácio do Catete, onde encontrei o Sr. Presidente da República com seus ministros, a quem dei contas da incumbência que me levara a bordo dos couraçados *Minas Gerais* e *São Paulo*.

"Desta simples exposição, a Câmara bem pode compreender a gravidade da situação e medir devidamente as responsabilidades que pesarão sobre o Congresso Nacional por qualquer ato que tenha que praticar, levado pelas exigências do momento.

"A gente que está a bordo é capaz de tudo, quando os chefes e marinheiros são indivíduos alucinados pela desgraça em que caíram. Acredito que o Governo vai agir como lhe impõem o dever, a dignidade e o respeito que todos nós devemos à República, ainda que tenhamos de lamentar perdas enormes e registrar sacrifícios sem conta.

"Não sei o que aquela gente vai fazer, mas, pelo que pude depreender da exaltação dos ânimos e planos dos chefes, a situação é gravíssima."

Deputado Pedro Moacir: – Vossa Excelência viu oficiais de Marinha a bordo?

Deputado José Carlos: – Nenhum; não há um só oficial a bordo. Os que lá ficaram foram trucidados e seus corpos estão depositados, em câmara ardente, no Arsenal de Marinha. Outros estão extraviados.

Deputado Alcindo Guanabara: – Como se moveram os navios?

Deputado José Carlos: – Estão-se movendo com precisão nas manobras; há maquinistas a bordo; os navios não estão abandonados, estão prontos para entrar em ação, ao primeiro sinal que partir do navio-chefe, o *Minas Gerais*. Para eu atracar ao *São Paulo* e ao *Minas Gerais*, que estavam em movimento, foi preciso que parassem as máquinas. A artilharia está toda funcionando bem.

Deputado Torquato Moreira: – Quais são os navios revoltados?

Deputado José Carlos: – São todos.

Deputado Torquato Moreira: – Inclusive os torpedeiros?

Deputado José Carlos: – Todos os navios, os torpedeiros estão de fora. Os dois navios grandes, conforme fui informado, vão fazer-se ao mar, vão para fora da barra esperar os acontecimentos. Eu não posso ir além do que tenho dito à Câmara e já disse ao Governo. Não me cabe dar planos de combate, nem conselhos, porque esta não foi a comissão que me confiaram, e não estou autorizado para tanto.

"O Governo tomará as providências que o caso pede, e o seu patriotismo e saber aconselharem. Não me ofereci para ir a bordo dos encouraçados revoltados; o meu chefe político, Sr. General Pinheiro Machado, entendeu que eu deveria ir a bordo: fui e aqui estou, trazendo o resultado dessa honrosa comissão, para que a Câmara fique sabedora da situação exata e penosa em que nos encontramos."

O ENCOURAÇADO *MINAS GERAIS* CHEGA AO BRASIL
Rio de Janeiro, 17 de abril de 1910

As horas passadas na Ilha Grande tinham sido de atividade febril. Agora, finalmente, lavado e escovado de proa a popa, o encouraçado entra na Baía da Guanabara. Um dia de sol macio e poucas nuvens. A bombordo, o Pão de Açúcar está igual a um retrato de calendário. Tinha que surgir do lado do coração, pensou João Cândido, com os olhos devorando cada detalhe da cidade. Passam a poucas jardas da Fortaleza da Lage, deixando para boreste a outra, a de Santa Cruz, na cidade de Niterói. Dali ruge a primeira salva de canhões. O Minas Gerais responde de imediato e o eco multiplica os tiros de festim como uma trovoada.

Barcos dos mais diferentes tamanhos fazem gemer suas sirenes. As tripulações agitadas estão cobertas acima. Prosseguem as salvas de canhões, agora vindas de outros navios da Armada. O povo amontoa-se nas praias, no alto dos morros, muitas pessoas sacudindo lenços brancos e pequenas bandeiras verde-amarelas. O timoneiro manobra o dreadnought com extremo cuidado. Mas seu trajeto foi cuidadosamente planejado, como numa parada militar. É ele a estrela principal daquela constelação marinha.

Durante quatro anos, a compra do Minas Gerais e do seu gêmeo, o São Paulo, ainda em construção, tinha elevado a estima do povo brasileiro. Crianças desenharam o perfil agudo daqueles navios, suas linhas elegantes, em muitos cadernos escolares. Jornais abusaram dos superlativos: os maiores, os mais poderosos navios do mundo. Argentina e Chile, endividados como o Brasil, tiveram que encomendar outros encouraçados de igual poder de fogo. Os *banqueiros esfregavam as mãos na* city *londrina. Mas o Barão do Rio Branco, Ministro do Exterior, justificava todos os sacrifícios com a sua política de garantia das nossas fronteiras.*

Ancorado o Minas Gerais *no poço, nas proximidades do Arsenal de Marinha, sua tripulação entra em forma para receber as autoridades. Em primeiro uniforme, de espada à cinta, o Comandante Batista das Neves sente-se tomado por viva emoção.*

Embora um valente, seu rosto se contorce para manter o aspecto marcial, o imenso bigode escondendo o tremor dos lábios. Seus olhos, lutando contra as lágrimas, fiscalizam cada detalhe das fileiras de marujos com seus fardamentos novos, quase um milhar de negros e mulatos vestidos de branco.

A lancha do Almirantado encosta no portaló. Os visitantes sobem as escadas com cuidado. O Ministro da Marinha, Almirante Alexandrino de Alencar, abre caminho para o Presidente da República.

João Cândido sente um nó na garganta. Nilo Peçanha é exatamente igual ao seu retrato. Igual àquele desenho a carvão que ele encomendara de um desenhista do estaleiro, habitué *da mesma taverna. Entusiasmado com o Presidente que valoriza a Marinha de Guerra, sua paixão desde menino, o modesto marujo trouxera aquele presente consigo. Agora é preciso ter a coragem de entregá-lo, quando chegar a hora, se for esse o seu destino.*

Depois de cumpridas as primeiras formalidades oficiais, o Presidente e sua comitiva iniciam a inspeção do navio. Sem aviso, o axé de João Cândido atrai para o timoneiro os olhos do Almirante Alexandrino. Uma breve troca de palavras com o padrinho é o que basta. Com os olhos arregalados, imagem viva do menino tropeiro de Rio Pardo, o marinheiro João Cândido Felisberto vê-se frente a frente com Nilo Peçanha. Sentindo os dedos trêmulos, desembrulha o quadro e o mostra. Uma imagem de perfil, desenhada em rápidos traços, mas de extrema fidelidade.

O Presidente sorri, mas não leva o presente. Dirigindo-se ao Ministro da Marinha, profere as palavras que os jornais iriam dar destaque no dia seguinte:

— *Meus assessores podem extraviar este quadro no meio de tanta gente. Traga o marinheiro ao Catete, logo que possível. Eu o receberei em audiência particular.*

Imobilizado em posição de sentido, João Cândido sente as pernas bambas e um arrepio a percorrer-lhe a espinha. Impossível, agora, tocar na corrente de ferro. Mas o gosto de otim, *a bebida do santo, está outra vez em sua boca. E os tambores militares, por sua própria conta, começam a tocar o* lagun-lo, *um ritmo guerreiro de Ogum.*

Rui Barbosa entra em ação
Senado Federal, 24 de novembro de 1910

Silêncio no plenário, nas galerias do Palácio Monroe. Naquele belo edifício ancorado tão próximo do mar, domina um homem cansado. Cabelos brancos coroando a calvície em evolução. Olhos míopes aumentados pelas grossas lentes dos óculos de aros de ouro. Bigode também alvo, de pontas levemente caídas nos cantos da boca. Terno de cor clara, bem cortado. Aparência frágil. Pequena estatura que parece aumentar aos olhos dos senadores, a cada frase que brota espontânea dos seus lábios:

– Ou o Governo da República dispõe dos meios cabais e decisivos para debelar esse lamentável movimento, e então justo seria que os empregasse para restituir imediatamente a tranquilidade ao País; ou desses meios não dispõe o Governo da República e, em tal caso, o que a prudência, a dignidade e o bom-senso lhe aconselham é a submissão às circunstâncias do momento.

"A cobardia é uma triste coisa; mas coisa ainda mais triste é a jactância e a soberba, em presença da situação que só transigindo se pode resolver. Os fortes são os que cedem e transigem numa situação em que a condescendência é o único meio imposto para a salvação pública; o fraco é o que, já na última extremidade, ainda supõe ter nas mãos todos os recursos e é forçado a abandoná-los para ceder diante de humilhações indecentes e desgraçadas.

"Não estamos em um momento de recriminações; não temos que analisar as causas dos acontecimentos atuais. Estamos em presença deles, em uma situação tal, que todos, de um e outro lado, amigos e não amigos, nos encontramos reunidos em uma só convicção, em um só pensamento, em um só desejo, na certeza de que não há senão um recurso para chegar a um resultado em que se salvem, com os interesses do País, com os interesses dos nossos concidadãos, os interesses da legalidade e do regime.

"Se, com os meios que a revolta da parte mais poderosa da Esquadra deixou nas mãos do Governo, pudesse ele vencer o movimento dessa parte revoltada, ficaria demonstrado, então, que tínhamos perdido os nossos sacrifícios quando os empregamos na aquisição dessas formidáveis máquinas de guerra; aquisição a que não nos decidimos se não contando com a certeza de sua invencibilidade; entendemos que era necessário dispor de máquinas de luta naval irresistíveis nesse campo de guerra, como são os grandes *dreadnoughts*; que armada com um ou dois desses vasos poderosos a defesa do nosso País seria invencível.

"Se agora, porém, com o recurso de algumas torpedeiras e *destroyers*, se pudesse conseguir a destruição dos grandes *dreadnoughts*, estaria provado que nos tínhamos enganado e que, em uma luta com o estrangeiro, estaríamos completamente desaparelhados para a resistência e para a vitória, como até então.

"Não pode ser a isto que se propõe o Governo da República, porque isto seria expor-se à contingência do menos desejável dos resultados. Não será com o canhoneio de algumas peças de artilharia, colocadas nos nossos morros, não será com a vã tentativa de abordagem por meio de lanchas tripuladas com forças de terra que essas grandes máquinas, que essas máquinas invencíveis poderão ser dominadas. As forças de terra não se fizeram para lutar sobre as ondas."

Senador Alfredo Ellis: – Os encouraçados são inexpugnáveis.

Senador Rui Barbosa: – São inexpugnáveis e sua inexpugnabilidade foi o único título com que perante o Congresso se justificou a exigência dos grandes sacrifícios empregados na sua aquisição. Depois, é necessário não esquecermos o valor da gente que tripula essas máquinas de guerra. Digamo-lo, com alguma vaidade, com algum desvanecimento, por honra de nossos compatriotas.

"O que constitui as forças das máquinas de guerra não é a sua mole, não é a sua grandeza, não são os aparelhos de destruição, é a alma do homem que as ocupa, que as maneja, que as arremessa contra o inimigo. As almas dessas máquinas que povoam os nossos grandes *dreadnoughts*, hoje, em nossa baía, sejamos justos ainda com esses infelizes no momento do seu crime, as almas desses homens têm revelado virtudes que só honram a nossa gente e a nossa raça.

"Li com admiração as declarações do Sr. José Carlos de Carvalho; vi como esses homens lhe mostravam com orgulho os seus navios, dizendo: 'Senhor, isto é uma revolta honesta!'.

"Eles tinham lançado ao mar toda a aguardente existente a bordo, para se não embriagarem; tinham feito guardar, com sentinelas, as caixas onde se achavam depositados os valores: tinham mandado guardar com sentinelas os camarotes dos oficiais para que não fossem violados; tinham guardado, na organização do movimento, um sigilo prodigioso entre os costumes brasileiros; tinham sido fiéis à sua ideia; tinham sido leais uns com os outros, desinteressados na luta e – por que não dizer? – em vez de se entregarem aos impulsos dos instintos tão desenvolvidos e tão naturais em homens da sua condição, servindo-se imediata e refletidamente dos meios destruidores de que dispõem, contra a cidade, fizeram concessões e estabeleceram a luta como se fossem forças regulares contra inimigos regularmente constituídos. Gente dessa ordem não se despreza. Lamentam-se os desvios, mas reconhece-se o valor humano que ela representa.

"Esses homens aventuraram-se a meios bárbaros, na ameaça que nos fazem de bombardear a grande capital brasileira. Mas a isto foram levados pelas consequências irresistíveis da situação em que se tinham colocado, pelos desvios a que se tinham arrastado, na reivindicação de algumas pretensões, nas quais não se poderá deixar de reconhecer o caráter de um verdadeiro direito. As reclamações capitais existentes na base desse movimento correspondem a necessidades irrecusáveis.

"No programa com que o orador se apresentou na luta eleitoral, na última eleição de Presidente da República, reclamou para o marinheiro e para o soldado o aumento do soldo e a extinção dos castigos servis a que o marinheiro e o soldado continuavam sujeitos no Exército e na Armada. Estes castigos foram abolidos por ato legislativo do Governo provisório no alvorecer da República; mas, pelas necessidades estabelecidas pela rotina, essa exigência poderosa que se criou no fundo das instituições antigas, desconheceu a lei e os castigos tornaram a voltar."

Senador Urbano Santos: – Diga antes Vossa Excelência os abusos.

Senador Rui Barbosa: – Abusos com os quais, na gloriosa época do abolicionismo, levantávamos a indignação dos nossos compatriotas, quando nos batíamos pela liberdade; abusos que fazem desconhecer no soldado e no marinheiro as qualidades principais daqueles que têm de expor a vida para defender a Nação.

"É um engano acreditar-se que o regime racional e humano da abolição dos castigos corporais pode influir para reduzir as forças disciplinares do Exército e da Armada. Estou plenamente convencido do contrário. Acredito que tudo que aproxima o homem da condição de besta-fera, que tudo aquilo que desconhece a impressão de honra e de dever; tudo aquilo que apela do homem para os instintos materiais e brutos; tudo isto que se resume no emprego do látego, do tagante, da chibata, aplicada sobre o dorso humano, não tende senão a desviar o homem e a prepará-lo para as surpresas mais terríveis contra a sociedade e a ordem.

"Acostumando a não chibatar os seus comandados, habitua-se a medir o que pedem; habitua-se a não se exceder ao que lhe cumpre; habitua-se a governar-se para saber governar; habitua-se a poder ser chefe sem ser escravo. A escravidão começa por desmoralizar e aviltar o senhor, antes de desmoralizar e aviltar o escravo.

"Extinguimos a escravidão sobre a raça negra e mantemos essa escravidão no Exército e na Armada, entre os servidores da Pátria, cujas condições tão simpáticas são a todos os brasileiros. Trouxe de bordo o Sr. José Carlos, como uma amostra prática do caráter ignominioso desse regime, um espécime humano, um daqueles marinheiros que a chibata da disciplina havia lanhado nas costas como uma tainha escalada.

"A civilização do nosso País reclama um outro sistema para a educação dos nossos homens de guerra, e é por essa razão também que, a par da extinção dos castigos corporais, se torna urgente o melhoramento dos salários dos homens de guerra entre nós, dos inferiores e dos soldados do Exército e da Armada. Estas são as exigências capitais da reclamação que os tripulantes do *São Paulo* e do *Minas* entenderam fazer com as armas em punho.

"Toda a severidade é pouca para condenar a violência e a barbaria dos meios empregados; façamos, porém, a esses espíritos a justiça de reconhecer as nossas culpas na situação moral que os arrastou a esse atentado. Eis por que não escrupulizei no momento e aceitei do Senador Severino Vieira a incumbência com que Sua Excelência me honrou de recomendar à atenção do Senado este projeto de sua autoria:

Artigo 1º – É concedida anistia aos insurretos da parte de navios da Armada Nacional, se os mesmos, dentro do prazo que lhes for marcado pelo Governo, se submeterem às autoridades constituídas.

Artigo 2º – Revogam-se as disposições em contrário.

"Se o Governo não dispõe de meios enérgicos e decisivos para abafar, esmagar imediatamente esse movimento – e de que não dispõe todos estamos certos –, não tem o direito de expor à destruição todos esses mesmos navios, que representam parte considerável da fortuna pública, recursos preciosos da nossa defesa, nem as vidas que se contam presentemente por milhares nos bojos desses navios, vidas preciosas a nós, como de nossos semelhantes, de nossos patrícios, recursos de guerra difíceis de compor e preparar, como são os marinheiros, os homens criados para a luta naval; o Governo não tem o direito de expor a grande metrópole brasileira, com um milhão de habitantes, todas as riquezas que contém e a civilização que representa.

"Os grandes generais, na impossibilidade absoluta de vencer, não se desonram capitulando; guerreiros do maior renome na história, à frente de seus exércitos, têm-se rendido ao inimigo, sem que daí resulte nem desonra para eles nem infâmia para o País cuja defesa lhes está confiada.

"Se um general, em caso de guerra, à frente de suas tropas, submete-se à capitulação imposta pela necessidade, um governo sensato, prudente e digno não se desonra rendendo-se à necessidade da situação de que foi causador, e, se a situação é essa, de que nós todos estamos convencidos, o Governo não hesitará mais tarde em cumprir com absoluta e indefectível lealdade as suas promessas.

"Espero que o Governo atual do País procederá desse modo. Quanto mais, acreditando no bom êxito deste projeto de anistia perante o Congresso, só resta ao orador considerar duas grandes lições desta amarga situação em que nos achamos: a primeira é de que os governos militares não têm o privilégio de remover do país os movimentos armados e que são mais fortes, diante deles, do que os governos civis; a segunda é a de que não deve perdurar a política dos grandes armamentos no continente americano, que ao menos de nossa parte, da parte das nações que nos cercam e dessas nações para conosco, a política que devemos querer com esperança é a do estreitamento dos laços internacionais, pelo desenvolvimento das relações comerciais, da paz, da amizade entre os povos que habitam a América.

"A experiência do Brasil a esse respeito é decisiva; há vinte anos que todos os esforços empregados para desenvolver o aparelho de nossa defesa militar, de uma defesa internacional, não têm servido senão para se voltar contra nós mesmos em sucessivas tentativas de revolta. A guerra internacional não veio nunca; a guerra civil tem vindo, muitas vezes, armada com os instrumentos entregues aos nossos defensores contra o inimigo estrangeiro.

"Desconfiemos dos grandes armamentos, aproximemo-nos da paz por meio de boas relações com os povos vizinhos!"

Um marinheiro no Palácio do Catete
Rio de Janeiro, maio de 1910

O que primeiro impressionou João Cândido foram as águias de bronze. Muito parecidas com os caranchos comedores de cordeiros. Bichos que furavam os olhos e arrancavam os intestinos daqueles recém-nascidos indefesos. Quantas vezes, na fazenda de João Felipe Correa, na Encruzilhada, onde nascera e se criara, tinha atirado pedras naquelas aves de rapina. Anos depois, já moço, as encontrara no Nordeste brasileiro, chamadas ali de carcarás, mas iguais aos gaviões do pampa.

Seria um sinal de mau agouro? O marinheiro deu uma última olhada nas águias, que pareciam defender o telhado do palácio, e voltou-se para o Almirante Alexandrino.

– Vossa Excelência me desculpe a pergunta: acha que vai me acontecer alguma coisa de bom aí dentro?

O oficial sorriu. Mais com os olhos bondosos do que com a boca amarga.

– Depende do que você espera, além dos agradecimentos por entregar o quadro.

– Espero poder falar um pouco, fazer um pedido para o Presidente.

– Pedido pessoal?

– De jeito nenhum.

– Que pedido, então?

– Que ele acabe com o gato de nove caudas.

O almirante endureceu a fisionomia.

– Pedir, pode, mas não depende só dele. Nós defendemos toda uma mudança na Armada, sabemos que o recrutamento é malfeito, que os claros são enormes nas áreas de especialistas, que faltam milhares de marinheiros até nos serviços de rotina, que a comida é ruim e os vencimentos... Nem me fale.

— Tudo isso a gente pode aguentar mais um pouco. A chibata, ninguém aguenta mais. Já imaginou, senhor, alguém chibatar um marinheiro do Minas Gerais?

— Por que desse navio, em especial? Vocês são melhores do que os outros?

— Desculpe, senhor, excelência, mas é impossível imaginar um marinheiro sendo surrado no convés do nosso navio. Onde até o Presidente teve orgulho de pisar. Onde...

— Está bem, menino, está autorizado a fazer seu pedido. Já passaram os dez minutos que chegamos adiantados. O Presidente é muito pontual. Vamos entrar de uma vez.

Subindo as escadas de mármore atapetadas de vermelho, João Cândido agradecia por ter conseguido aquelas botinas emprestadas. Imagine pisar nesta beleza com suas reiunas velhas, uma vergonha até andando na rua. Já o uniforme novo recebera da própria Marinha, antes que os colegas fizessem a cotização que estavam prometendo. Ele sabia muito bem que seria o primeiro marinheiro sem galões a ser recebido por um Presidente da República. Honra que não merecia, certamente. E, talvez, por isso, o Comandante Batista das Neves não o estava acompanhando.

Por isso nada, seu bobão, pois você não disse para ele que iria pedir ao Presidente para acabar com a chibata? Disse sim, era a minha obrigação, como disse agora para o Senhor Ministro. Até pensando você mantém essa hierarquia, não é? E está louco de medo, bem como te disse o Francisco.

Francisco Dias Martins, recém-chegado da Inglaterra no cruzador Bahia, era um revolucionário por vocação. Com apenas 21 anos, ganhara destaque entre os marinheiros por sua posição radical contra os castigos físicos, desde que cursara as Escolas de Aprendizes do Ceará e do Piauí. Oriundo de uma família da classe média de Fortaleza, dizia ter o curso secundário completo. O que seguramente não era mentira, tal a facilidade que tinha para escrever e falar em público. A pedido de João Cândido, ele o treinara para aquela entrevista. Mas as palavras decoradas não lhe vinham mais à mente. Caminhava agora como um sonâmbulo, os olhos encandiados pelas luzes dos candelabros, pela profusão de cores e riqueza dos móveis, pela maciez dos tapetes que pareciam feitos de paina, o algodão das enormes árvores de Rio Pardo.

Nilo Peçanha apertou-lhe a mão com firmeza, mas ele não lhe viu direito o rosto, acostumado como era a não fitar os olhos dos superiores. Entregou-lhe o quadro, recebeu os elogios para si e para o artista com os ouvidos repetindo as palavras ao longe, como um eco. Nada iria dizer, se o Almirante Alexandrino não o chamasse à fala:

— Agora pode fazer seu pedido, João Cândido. O Presidente está à espera.

E a voz longínqua foi acompanhada por outra, também distante:

— Não se faça de rogado, meu filho, o que mais ouço nesta sala são pedidos, pode ter certeza, e de gente que nem precisaria pedir.

Naquele momento, uma energia repentina inflou-lhe o peito. Veio-lhe à mente a imagem de São Jorge com sua armadura polida, a capa vermelha inflada pelo vento, a lança em riste apontada para o dragão. E ouviu sua própria voz dizendo em tom firme e claro:

— Senhor Presidente, como comandante em chefe das Forças Armadas, o senhor vai continuar permitindo que os seus marinheiros sejam açoitados nos navios?

Disse isso de cabeça baixa, mas logo ergueu os olhos, completamente seguro de si. E viu no rosto ruborizado do jovem Presidente mulato que a lança de Ogum entrara direto em seu coração.

O LEÃO-MARINHO E A REAÇÃO DA ARMADA
Rio de Janeiro, madrugada de 25 de novembro de 1910

O Vice-Almirante Joaquim Marques Baptista de Leão sentia-se completamente esgotado. Nem no Paraguai, quando participou de toda a campanha no encouraçado *Barroso*, passou por momentos de tanta tensão. Preferia agora enfrentar os torpedos do inimigo do que ordenar o ataque a seus próprios navios. Os horrores pelos quais passara nos combates do Passo da Pátria, Curupaiti e Humaitá não eram nada diante daquele papel timbrado à sua frente. Se lhe fosse possível devolver suas condecorações por bravura em troca de nada escrever naquele papel, ele o faria sem vacilação.

Sozinho por alguns momentos em seu gabinete de trabalho, passou um lenço amarrotado pela face acalorada e deu-se conta de que esquecera de barbear-se, mais uma vez. Ele, que jamais mostrava o rosto sem ser perfeitamente escanhoado, que até já fizera a barba antes de entrar em combate, estava deixando que os subordinados notassem a sua perturbação.

Nervoso, torceu as pontas do bigode para cima e buscou nos bolsos uma latinha pequena, num gesto maquinal. Abriu-a, tomou entre o polegar e o indicador uma pitada de rapé e aspirou-a. Logo sentiu que a respiração passava por suas narinas como uma aragem fresca ao amanhecer. E teve saudade do nascer do sol em alto-mar, dos peixes voadores saltando das águas e planando no ar como andorinhas. E viu a si mesmo na imagem de um velho navio enferrujado, como tantos que havia nas docas do mundo inteiro, sem a menor chance de voltar a navegar.

Em rápida sucessão, pesou os acontecimentos mais decisivos. O projeto de anistia do Senado, logo aprovado na Câmara Federal, fora uma verdadeira bofetada na face dos oficiais da Armada. E naturalmente fora Rui Barbosa o porta-voz dessa politicagem, uma vez que jamais engolira sua derrota nas eleições e queria desmoralizar o Marechal Hermes. A imprensa, por sua vez, colocara-se claramente do lado dos revoltosos, exagerando em sua capacidade de manobrar os navios e inventando o apelido de *Almirante Negro* para João Cândido Felisberto, um marinheiro desqualificado, segundo a fé de ofício que tinha ali em seu *bureau*.

Um ciclotímico, aparentemente calmo, mas sujeito a crises de cólera quando era provocado, que o levavam a desafiar quem estivesse pela frente, igual ou superior hierárquico. Fora punido diversas vezes com a prisão solitária a pão e água, mas nunca fora açoitado, embora o tivesse merecido. Recebera até uma facada nas costas de um grumete que surrara de chibata, mas tinha prestígio junto à ralé dos marujos. Os jornais exaltavam sua personalidade, sua perícia como timoneiro, mas não falavam nos oficiais assassinados pelos amotinados sob sua liderança. Não falavam que aqueles monstros tinham até urinado no corpo inerme de Batista das Neves. E se algum pasquim tocava no assunto dos oficiais imolados no cumprimento do dever, logo justificava o crime pela *alucinação* dos infelizes *de carnes rasgadas* pela chibata.

Outro aspecto muito negativo para o Governo e para a Armada tinha sido o pânico que tomara conta do povo do Rio de Janeiro. As pessoas de maiores posses fugiram aos milhares para seus sítios em Petrópolis, ou simplesmente compraram passagens para lugares distantes. Os estrangeiros embarcaram nos navios vindos para a posse do Presidente e partiram o mais rápido possível. Outros moradores da capital, com menores recursos, tomaram de assalto os trens suburbanos, buscando abrigo à distância segura do alcance dos canhões, que a imprensa noticiara ser de 25 quilômetros. Quase ninguém falou da morte de duas crianças no bombardeio do dia 23 de novembro, quando os *excelentes artilheiros rebeldes* erraram o alvo, que era o Arsenal de Marinha, e atingiram um pardieiro do Morro do Castelo.

E o pior: se nada acontecesse nas próximas horas, o Marechal Hermes teria que sancionar o Decreto de Anistia e mais de dois mil amotinados ficariam sem castigo. Prontos para começar tudo de novo, a assassinar o oficial que ousasse puni-los no futuro, com ou sem razão. O fim da chibata não ofendia seus brios, porque era católico praticante e essa violência contrariava todos os princípios cristãos. A Marinha de Guerra estava se modernizando e o fato de marinheiros rebeldes, como João Cândido e Manoel Gregório, assumirem a liderança e exigirem direitos de países ricos nada mais era do que uma contaminação anarquista passageira, pelo contato com a marujada bem paga e os operários britânicos sindicalizados.

Sem chibata, todos poderiam conviver, como acontecia em outras corporações brasileiras. Mas não se podia admitir nenhuma força militar sem hierarquia, sem respeito total aos superiores. Então, a única atitude correta seria pegar da pena e assinar a autorização para o torpedeamento dos quatro navios rebelados. E se essa era a atitude certa, por que hesitava?

Na verdade, militarmente, o problema era de difícil solução. O *Minas Gerais* e o *São Paulo* dispunham de canhões de 305, 120 e 44 milímetros, além do poderio de fogo, nada desprezível, do *Bahia* e do *Deodoro*. O confinamento do teatro de operações, apertado nos limites estreitos da Baía da Guanabara, fazia com que qualquer duelo de artilharia ocorresse à queima-roupa, sem que houvesse necessidade de os amotinados resolverem complicados problemas de balística. Com tiros diretos, à curta distância, era certo que causariam grandes estragos.

Por outro lado, os únicos elementos de força que reconhecia leais eram o cruzador *Barroso*, já antiquado, e, da nova esquadra, o *scout Rio Grande do Sul*, com dez canhões de 120 milímetros, oito *destroyers* e a torpedeira *Goyaz*. Naturalmente, havia entre os seus oficiais um sentimento profundo de dever que os impulsionava a tentar tudo, a arriscar a vida para a retomada ou, mesmo, o afundamento dos navios rebeldes. Um dos mais inflamados, o capitão-tenente Roberto de Barros, servia no próprio gabinete ministerial. Em seu entusiasmo, tinha ido à Vila Militar para convencer o capitão de fragata Filinto Perry a assumir o comando do ataque, e o trouxera à presença do ministro.

Outro aspecto perigoso era a falta de confiança nas guarnições dos *destroyers* e do *Rio Grande do Sul*. Não se sabia o que fariam os marujos se recebessem ordens para atacar seus companheiros. No *Paraíba*, um telegrafista delator já fora preso. A solução partira dos próprios oficiais, que se dispuseram a assumir todos os postos de combate, ocupando canhões e tubos de torpedos. Mas havia necessidade de se substituírem, também, os foguistas. Para isso foi convocado o pessoal civil do Lloyd Brasileiro.

Refugiados junto à Ilha do Boqueirão, os *destroyers* estavam a salvo da artilharia rebelde. Mas, estando desprevenidos, não dispunham das cabeças de combate dos torpedos, carregadas com explosivos, a única arma capaz de fazer dano aos encouraçados. Depois de imensas dificuldades e grandes riscos, apenas uma dúzia dessas peças essenciais foram montadas nos torpedos. E o velho Leão-Marinho, embora o quisessem convencer, sabia que eram insuficientes.

Finalmente, o plano de ataque estava consolidado com alguma possibilidade de êxito. Os *destroyers* deviam posicionar-se, naquela madrugada de 24 para 25 de novembro, nas imediações da Fortaleza de Santa Cruz, pelo lado de dentro da baía. E fazer o ataque quando os navios rebeldes, que passavam as noites fora da barra, voltassem pela manhã. As fortalezas também atirariam, em esforço coordenado, e algumas minas, a serem colocadas com imensa dificuldade, também poderiam complementar a operação, quase suicida.

Apesar de toda essa situação negativa, era preciso tomar uma decisão e sem a menor perda de tempo. Marques de Leão ajeitou os óculos sobre o nariz, molhou a pena no tinteiro e assinou a carta branca que seus subordinados lhe tinham entregue datilografada:

Rio de Janeiro, 25 de novembro de 1910.

O Ministro da Marinha, por intermédio de ...., ordena que o comando do.. hostilize com a máxima energia os navios revoltados, metendo-os a pique sem medir sacrifícios. A mínima hesitação será criminosa.

Joaquim Marques Baptista de Leão

Rua dos Inválidos, número 71
Rio de Janeiro, 13 de novembro de 1910

O lugar parecia o menos indicado para uma reunião de conspiradores. No entanto, a casa velha e mal mobiliada fora fácil de alugar por uma ninharia e sem necessidade de papéis. O fato de estar nas proximidades de uma delegacia de polícia considerada das mais violentas do Rio de Janeiro era muito perigoso, na opinião de alguns. Mas era perto demais para que desconfiassem, na opinião de outros.

Quatro homens apenas naquela reunião decisiva. Sentados em torno de uma mesa tosca, bebiam café preto em canecas de louça. Como a mesa era pequena, cada um ocupava uma cabeceira, dando-lhes igual hierarquia. Falava agora, com seu sotaque das Alagoas, o cabo Manoel Gregório:

– No *São Paulo*, tudo está pronto para começarmos amanhã mesmo, à noite. A guarnição vai estar completa para a revista naval. Com o comandante e todos os oficiais a bordo, será fácil prendê-los em suas cabinas, sem muito derramamento de sangue.

– Nada vai ser fácil – contestou o jovem Francisco Martins, tamborilando com a colher em sua caneca vazia. – Reuni o pessoal de mais confiança do *Bahia* e eles acham que fazer a revolta no dia da posse do Presidente da República vai confundir a cabeça de muita gente. A maioria vai pensar que somos contra o Marechal Hermes, o que não é verdade.

O responsável pelo *Deodoro*, cabo André Avelino, ergueu a voz, o rosto contraído numa careta:

– Olhe, Francisco, desde que você assinou aquela mensagem com o nome de Mão Negra, na viagem para comemorar a independência do Chile, já se passaram três meses. Por quanto tempo ainda vamos esperar?

A alusão àquele fato incendiou a discussão, cada um lutando para não elevar o tom de voz. Até João Cândido, normalmente controlado, começou a perder a paciência. De fato, Martins se precipitara ou não ao escrever aquele bilhete ameaçador para o comandante do Bahia?

– *Precipitar, uma ova. Vocês não estavam lá e não podem opinar. Desde que saímos no dia 16 de junho, para a viagem até Santiago, nossos três navios bem mereceram o nome de* Divisão da Morte. *E se a coisa foi feia no* Tamoio *e no* Timbiras, *vocês nem imaginam o que aconteceu em nosso cruzador.*

– *E o que aconteceu, de verdade?*

– *De Baía Blanca, na Argentina, até o Estreito de Magalhães, oito marinheiros foram açoitados, começando pelo Antenor Silva, um sujeito pacato, que foi ofendido e respondeu mal para o contramestre. Dos 288 praças da tripulação, quase a metade recebeu punições naquela viagem, uma loucura.*

– *E aí?*

– *Aí, uma noite, eu escrevi aquele bilhete com a mão esquerda e botei por baixo da porta da cabine do comandante. Mas não foi nada precipitado. Li e reli tantas vezes a mensagem, que até hoje sei cada palavra de cor:*

Venho por meio destas linhas pedir para não maltratar a guarnição deste navio, que tanto se esforça para trazê-lo limpo. Aqui ninguém é salteador ou ladrão. Desejamos Paz e Amor. Ninguém é escravo de oficiais e chega de chibata. Cuidado!

– *E assinou Mão Negra... Por quê? Você é quase branco, Francisco.*

– *Se vocês acham que foi para me esconder, estão enganados. Eu assinei assim porque a maioria dos marinheiros da Armada é de cor preta, vocês sabem. Como é do conhecimento de vocês, e dos oficiais também, eu sou um dos poucos praças de pré, no* Bahia, *capaz de escrever em português correto. Se eles ainda não me prenderam até agora, é porque estão com medo de nós, só isso. E se estão com medo, podemos esperar mais uns*

dias para os próprios companheiros não pensarem que a nossa revolta é política.
— Será que eles... Eles já sabem da nossa revolta, João Cândido?
— Não acredito que saibam, Avelino. Temos tido enorme cuidado no planejamento. Mas os comandantes não são retardados para pensar que está tudo bem com a marujada. Se o Francisco escreveu esse bilhete de ameaça, eu também pedi ao próprio Presidente Peçanha para acabar com a chibata. Mostramos as nossas cartas, demos uma oportunidade que eles não aproveitaram.
— E agora?
— Também acho precipitado fazer um motim no dia 15 de novembro, no meio de toda a festa da posse e o aniversário da República. Além disso, seria depois de amanhã e ainda faltam alguns pontos importantes para o Comitê Revolucionário decidir.
— O que, por exemplo?
— Quem vai comandar a esquadra, quando ela estiver em nossas mãos?
— Ora, quem? Você vai comandar, João Cândido.
— Por que eu? O Francisco é mais preparado, e vocês dois também. Eu posso cuidar do Minas, isso está decidido. Mas a esquadra não sei se tenho capacidade para comandar.
Manoel Gregório ergueu o braço e pediu silêncio.
— Não estamos numa democracia? Vamos votar.
Três votos para João Cândido, que votou em Francisco Martins, foi o resultado final. Restava marcar a data. Mais meia hora de discussões e ficou tudo acertado. Seria no dia 25 de novembro, passados dez dias da posse do Presidente da República.
Naquela noite, João Cândido não conseguiu dormir. Passou muitas horas rolando no seu catre, cada vez mais exausto e insone. Além da responsabilidade de comandar a esquadra, a data da revolta não lhe parecia a certa, seu axé não iluminava aquele número 25. Ao amanhecer, quando conseguiu dormir um pouco, sonhou com uma lagoa da sua infância. Onde dois patos deslizavam, lado a lado, lentamente, em direção ao sol. E acordou-se sorrindo, descansado, pronto para enfrentar o desafio.

Almoço no Restaurante Brahma
Rio de Janeiro, 25 de novembro de 1910

— Para mim, esse Carvalho moleque é o grande responsável pela anistia.

A frase, mesmo pronunciada em voz baixa, escandalizou o Barão do Rio Branco. Afinal, ele estivera na reunião do ministério que aprovara a ideia do Senador Pinheiro Machado. E para ele, habituado às soluções diplomáticas, a ida do Deputado José Carlos de Carvalho aos navios rebelados tinha sido muito proveitosa para o Governo Federal. Graças às suas informações detalhadas, fora possível ao Marechal Hermes avaliar a fragilidade de sua posição, o perigo real do bombardeio da cidade, e negociar a anistia com o Legislativo. Somente um almirante preterido para ministro poderia ofender um homem de tanto respeito no meio civil e militar. Um herói da Guerra do Paraguai, um político raro, que pressentira o descontentamento dos marujos e tentara melhorar seus vencimentos através de um projeto de lei. Contra o qual se mobilizaram civis e militares de pouca visão.

— Não partilho da sua opinião a esse respeito, mas acredito que o assunto referente à anistia não depende de nós. O projeto dos senadores já foi aprovado pela Câmara e o Presidente deverá sancioná-lo logo que chegar ao Catete.

— O que será, com todo o respeito, uma vergonhosa capitulação.

— Talvez. Muito bom dia, senhor Almirante.

Os dois convivas do Ministro das Relações Exteriores, que ocupavam sua mesa preferida no Restaurante Brahma, mantinham-se calados. No entanto, fora para conversar com um deles que o barão marcara aquele almoço. A seu pedido, o capitão-tenente Jorge Dodsworth convidara o capitão de fragata Filinto Perry para um encontro informal. Assunto extremamente delicado para ser tratado oficialmente, naquele momento. A chegada do almirante inimigo do Comandante José Carlos fora um acidente de percurso. Depois de ofender o deputado e trocar mais algumas palavras, ele retirou-se para sua própria mesa. O que fez o ministro suspirar, não escondendo a sensação de alívio.

– Bem, senhores, agora que não temos mais mouros na costa, vamos ao tema principal. Muito obrigado, Comandante Perry, por ter aceito meu convite, em condições tão especiais, estando aqui, inclusive, em indumentária civil. Sei da missão que lhe foi atribuída e conheço, através do meu amigo Jorge, sua imensa capacidade para levá-la a cabo. Por isso, solicitei este encontro para explicar-lhe, pessoalmente, meu ponto de vista contrário à ação bélica que está sendo planejada. E quero dizer-lhe, de imediato: para mim é uma honra que escute minhas palavras.

– A honra é minha, senhor ministro. Embora não me caiba a decisão final sobre a ação que planejei, deixada a critério do Almirante Marques de Leão e do Sr. Presidente da República.

Rio Branco inclinou a cabeça, num gesto muito seu. Grande negociador, sabia o quanto a opinião de Perry estava sendo levada em consideração na Marinha e no Palácio do Catete. Como jogador de xadrez, reconhecera logo que aquele oficial era uma peça decisiva para o xeque-mate. Se conseguisse abalar a sua confiança, o projeto de atacar os dois encouraçados dificilmente seria concretizado. Assim, usou sua arma mais eficaz na diplomacia. A sinceridade. A convicção de que tudo o que estava dizendo era para o bem da Marinha de Guerra. Para o bem do Brasil.

– Comandante Perry, alguns colegas seus, como vimos há pouco, consideram que a anistia é desprimorosa para a Armada e preferem pôr a pique o *Minas Gerais* e o *São Paulo*, em nome da disciplina arranhada. No entanto, na Royal Navy, por exemplo, passaram-se casos semelhantes de motins em que as autoridades inglesas tiveram de ceder, e com maior humilhação que o nosso presente caso, eu lhe asseguro.

O comandante sorriu e ergueu levemente seu cálice de vinho, num brinde sutil.

– Um desses casos de capitulação aos subversivos ocorreu, se não me falha a memória, em 1797, com os navios *Spithead* e *Nora*, não é verdade?

Rio Branco também ergueu seu cálice, mas de maneira mais franca.

– Exatamente, comandante. E como a História é uma grande mestra, o jornal *Times*, de Londres, em sua edição de ontem, publicou uma nota sobre a nossa Revolta da Chibata que o Foreign Office teve a gentileza de enviar-me, na íntegra, por telegrama. Como os senhores sabem, existem súditos ingleses dentro dos navios amotinados e nós somos responsáveis por suas vidas.

– Os *garantias*, como são chamados. Funcionários do estaleiro contratados para manter o funcionamento de todas as máquinas durante o período de garantia do contrato. Sei que alguns deixaram os encouraçados já na manhã seguinte à noite da revolta.

– Perfeitamente, alguns maquinistas e eletricistas britânicos deixaram os navios, mas não aqueles que são indispensáveis para as suas manobras. Isso os amotinados não consentiram. Se não, perderiam a sua capacidade de manobrar com perfeição, tão exaltada pela nossa imprensa.

O Comandante Perry ficou com o rosto sombrio.

– Lamento pensar, senhor ministro, que a exemplo da Revolta da Armada de 1893 tenhamos que nortear nossas atitudes pela opinião de potências estrangeiras. É do nosso conhecimento, inclusive, e do seu, segundo o disse o Almirante Marques de Leão, que o Quarto Esquadrão de Cruzadores da Royal Navy, atualmente em Montevidéu, estaria planejando seu deslocamento para o Rio de Janeiro.

Rio Branco ficou muito sério, antes de responder:

— Isso nunca acontecerá, Comandante Perry, e sabe por quê? Porque eles conhecem muito bem os dois encouraçados, que eles mesmos fabricaram, e sabem que são capazes de pôr a pique todos os cruzadores ingleses. Que o único *dreadnought*, irmão gêmeo deles, em condições de enfrentá-los, está a milhares de milhas daqui.

— Assim sendo?

— Assim sendo, se nossos navios nos garantem tanto a soberania nacional, para que tentar afundá-los? Para que arriscar tantas vidas preciosas para destruir equipamentos e seres humanos indispensáveis para o nosso equilíbrio naval, para a garantia de nossas fronteiras? Esse é o meu ponto de vista, senhor comandante. Aqui exposto, sem qualquer cunho oficial, de um brasileiro para outro brasileiro. De um patriota para outro patriota.

Meia hora depois, caminhando lado a lado com Dodsworth, o Comandante Perry acendeu um charuto, o que raramente fazia quando andava na rua. Puxou a fumaça numa longa baforada e olhou diretamente nos olhos do seu amigo.

— Em que situação ele nos meteu, meu camarada. Mas, pelo menos, eu descobri uma coisa muito importante.

— ...

— Descobri por que, em plena República, todos se inclinam diante dele como súditos, e ainda o chamam de barão.

VELAS PARA O NEGRINHO DO PASTOREIO
Rio de Janeiro, noite de 21 para 22 de novembro de 1910

*N*oite de lua cheia. Na encruzilhada, algumas pedras arredondadas, da altura de um homem. Entre elas, espalhadas como para um piquenique, oferendas de comida e bebida para os orixás. Inhame, feijão preto, carne de bode e cachaça para Ogum. Uvas brancas, camarões com coco, omi: água pura e ebô: arroz branco cozido com mel, para Iemanjá.

Uma mulher negra, toda vestida de branco, esguia e ágil, acende velas que o vento logo apaga. Ela tem os cabelos cobertos por um turbante que lhe realça a beleza da nuca. Uma das partes do seu corpo que João Cândido mais adora. Quando a ama, sempre começa por beijar seu pescoço delicado, despi-la por trás, cobrir aqueles seios rijos e macios, do tamanho exato para as suas mãos.

E um lindo verso de Castro Alves desenhou-se em seus lábios grossos: No seio da mulher há tanto aroma. Sim, horas depois de tocá-la, ainda aspirava seu cheiro nas palmas das mãos. E sentia-se novamente viril, pronto para abrir aquelas longas pernas, acariciar o interior das coxas, sentir duas mãos quentes a guiar seu membro para o sexo molhado, para o delírio das suas profundezas. Ainda bem que a nossa religião estimula todos os desejos do corpo. Ogum ama mais do que mata. Iemanjá emerge das águas para proteger os que se amam.

O marinheiro, tentando controlar a excitação que o domina, ergue os olhos para o céu e decifra as estrelas. Também a posição da lua, bem no alto, lhe mostra o quadrante das horas com exatidão.

– Quase meia-noite, Aiabá, minha rainha. O vento logo vai parar.

A jovem sacudiu a caixa de fósforos bem perto do ouvido e sorriu.

— *Ainda bem, senão teremos que procurar pedras de fogo.*

João Cândido ficou olhando, fascinado, para aquela orelha pequena, para o lóbulo onde gostava de passar as pontas dos dedos. Para os brincos que dali desciam numa cascata de cristal verde-claro. Para os colares, iguais aos brincos, que mergulhavam por entre os seios da amada.

— *Vamos abrir as garrafas, primeiro, depois acendemos as velas. Mesmo que nos sobre um único fósforo, daremos um jeito de iluminar as oferendas.*

E escutou de imediato, entre o assobiar do vento, a voz cansada do avô:

— *Pela meia-noite, louco de cansado, o negrinho dormiu. E o filho do patrão soltou a cavalhada, que lá se foi, em grande correria, tendo na frente o baio.*

"*O negrinho acordou antes que dessem o alarme, entrou na capela e rezou para Nossa Senhora, sua madrinha. E foi como se ela falasse com ele e sorrisse, mostrando um toquinho de vela aceso no altar. O negrinho pegou a vela e saiu no escuro atrás dos cavalos. Cada pingo de sebo que caía virava numa luz forte que foi iluminando o campo, deixando tudo claro como se fosse dia. O menino encontrou a tropilha, montou no baio e trouxe todos os cavalos para casa, antes do amanhecer.*

"*Embora sabendo o que vinha pela frente, João Cândido suspirou, pedindo um milagre. Mas a voz do avô ia seguir contando toda aquela malvadeza até o fim.*

"*Não adiantou nada ter encontrado os cavalos. O que o patrão queria mesmo era vingar-se do negrinho pelo dinheiro que perdera. E mandou atá-lo, outra vez, no palanque e ele mesmo o surrou com a chibata até cansar o braço. Depois veio outro malvado, e outro, até o negrinho virar numa pasta de carne lanhada e coberta de sangue.*"

Os maxilares do marinheiro se contraíram. Em seus olhos injetados de sangue voltou a imagem maldita. As costas cor de chocolate do baiano Marcelino. O andar cauteloso do orangotango de pelagem loura, que lembrava os pelos púbicos das velhas prostitutas polacas. O gato de nove caudas *girando por cima da* cabeça do supliciado. A primeira chibatada, a segunda, a terceira. A força irracional de Alípio a serviço daquele comandante que falava quatro línguas. Que tratava os oficiais como filhos e os marinheiros como negros de quilombo. Ogum pa ojarê. Ogum mata com razão.

Por duas garrafas de cachaça, por um raspão de navalha movida pela justa vingança, Marcelino recebera 250 chibatadas. E só não morrera pela graça do seu orixá. Pela força da sua fé que o encharcara de *otim* e o abrigara nos braços poderosos do santo guerreiro.

No dia seguinte ao suplício, os quatro conspiradores tinham tomado a decisão de adiantar a data da revolta. Seria no dia 22, como João Cândido adivinhara em sonho. Dois patos nadando na lagoa de sua infância, dois navios monumentais navegando lado a lado na Baía da Guanabara. E, no leme de um deles, o comandante vestido como um simples marinheiro. Tendo como única diferença com os demais camaradas um lenço vermelho que trazia atado ao pescoço. O lenço dos lanceiros negros da Guerra dos Farrapos. O lenço que seu avô nunca pudera usar.

— O que me dói até hoje é que eu não fui junto com eles. Até a banda do Império os lanceiros obrigaram a desfilar de ponta a ponta da cidade, tocando alto diante deles, e levaram o maestro e os músicos para Piratini. E eu não fui. Eu não fui com eles.

O menino olhou as lágrimas que se formavam nos olhos do avô e também sentiu vontade de chorar. O ancião respirou fundo, as mãos apertando os joelhos como garras.

— Eles mandavam dar mil chibatadas nos escravos que se juntassem aos farroupilhas e fossem agarrados de novo. Surravam até matar o infeliz e se botavam nas mulheres, judiavam as crianças da gente dele...

João Cândido sentiu o contato leve da mão da amada e deu-se conta de que o vento parara. Correu os olhos pelas pedras grandes, arredondadas como as ancas de uma mulher, e tirou do bolso um lenço de seda vermelha, a cor predileta de Ogum, a cor escarlate da capa de São Jorge.

— E agora? – perguntou ele, sorrindo para a sua rainha.

A voz levemente rouca de Aiabá soou tranquila na solidão da encruzilhada.

– Agora, meu homem, vamos colocar teu lenço entre as oferendas e acender as velas brancas, azuis e vermelhas para os nossos orixás.

– E depois?

– Depois vamos derramar água e mel em nossas mãos e passá-las nas pedras que Oxalá colocou aqui antes da chegada dos índios, dos brancos e dos negros. Um pedido antecipado de perdão para o sangue que vocês irão derramar.

O Almirante Negro retira seu lenço
Baía da Guanabara, 26 de novembro de 1910

Uma linda manhã de sol. Nenhum vento a encrespar as águas. Prevenidos pelos jornais, muitos populares ocupavam a Avenida Beira-Mar e as elevações que dominavam a Baía da Guanabara. Seriam sete e meia da manhã quando todos os olhares se dirigiram para a mesma direção. Ainda minúsculo, surgia o vulto do *São Paulo* na entrada da barra. Um pouco mais longe, aproximava-se o *Bahia*.

Os rebeldes cumpririam com a palavra empenhada? Os oficiais da Armada aceitariam aquela solução ditada pelos políticos? Haveria ou não um combate naval naquela manhã? Ninguém sabia com certeza. A imprensa publicara o decreto de anistia, número 2.280, sancionado pelo Presidente da República às dezenove horas do dia anterior. Teoricamente, os mais de dois mil marinheiros amotinados estavam voltando para cumprir os termos do acordo com o Governo Federal. Nenhum castigo pelos crimes cometidos e fim do uso da chibata na Marinha de Guerra, em troca da devolução dos quatro navios.

O último rádio do *Minas Gerais*, dirigido ao Marechal Hermes, era claro em seus termos:

> *Confiando na vossa Justiça, esperamos, com o coração transbordando de alegria, a vossa resolução, pois os culpados da nossa rebelião são os maus oficiais de Marinha, que nos fazem escravos deles e não da bandeira que temos. Estaremos ao vosso lado, pois não se trata de política e sim dos direitos dos miseráveis marinheiros.*

Para o Deputado e Comandante José Carlos de Carvalho, o radiograma era muito mais íntimo e efusivo:

As guarnições dos navios reclamantes agradecem a V. Ex.ª pelo feliz resultado que por vós foi alcançado junto ao Congresso Nacional em nosso favor, fazendo que a nossa santa causa, que a V. Ex.ª estava confiada, fosse coroada de feliz êxito. Por esse motivo temos a afirmar a V. Ex.ª, uma vez satisfeitas nossas reclamações, o ilustre Marechal Hermes da Fonseca e a Nação brasileira não encontrarão dentro dos limites da pátria homens mais patriotas e mais submissos às leis do nosso País. Viva o ínclito Marechal Hermes! Viva o Comandante José Carlos de Carvalho, perpétuo defensor da classe oprimida! Viva a Nação brasileira! Viva o Congresso Nacional!

Até os oficiais que assumiriam o comando dos navios em poder dos marujos, nomeados pelo Almirante Pinheiro Guedes, Chefe do Estado-Maior da Armada, já eram do conhecimento público. *Minas Gerais*: capitão de mar e guerra João Pereira Leite, *São Paulo*: capitão de fragata Silvinato Moura, *Bahia*: capitão de fragata Raymundo Vale, *Deodoro*: capitão de fragata Altino Correia. A nota para a imprensa identificava também a nominata de todos os outros oficiais que iriam acompanhar seus comandantes em cada navio.

Mesmo assim, era grande a expectativa, pois corria o boato de que a entrada da barra teria sido minada. De que os barcos fiéis ao governo iriam lançar torpedos capazes de afundar os encouraçados, e o fariam em conjunto com o canhoneio das fortalezas de terra. De que um canhão poderoso fora instalado na Fortaleza de Santa Cruz, logo depois que os rebeldes permitiram a saída pacífica das mulheres e crianças, familiares dos oficiais do Exército, que viviam no seu interior. De que um balão dirigível, saído não se sabe de onde, lançaria dinamite sobre os quatro navios. Falava-se também, mas entre risos, de uma *bomba incendiária terrível* que um químico meio maluco colocara à disposição das autoridades.

Além dos olhos atentos do povo, muitos binóculos estavam fixados na direção do *São Paulo* e do *Bahia*, que navegavam lentamente, surgindo a boreste do Pão de Açúcar.

Não era possível ver o *Minas Gerais* e o *Deodoro*. Certamente ainda estavam ancorados no local onde passavam as noites, entre as ilhas visíveis da Praia de Copacabana. Este cuidado em não entrar na Baía da Guanabara, os quatro ao mesmo tempo, anulava por si só qualquer tentativa de traição ao acordo de anistia. Se os dois primeiros navios fossem atacados, os dois últimos estariam intactos para responder ao fogo. E a cumprir a promessa de bombardear o Rio de Janeiro.

Pouco antes da Fortaleza da Laje, o *São Paulo* diminuiu ainda mais sua velocidade e o *Bahia* aproximou-se dele. Era a hora da verdade. Mantendo uma distância razoável entre si, ambos navegaram barra adentro e foram ancorar junto ao poço. Depois começaram a fazer manobras em perfeita sincronização, sob o olhar admirado de muitos espectadores.

Somente pela uma hora da tarde, o *Minas Gerais* entrou na Baía da Guanabara, seguido pelo *Deodoro*. Desta vez, o povo não acenava lenços brancos, nem bandeirolas verde-amarelas, mas havia um imenso alívio em todos os corações. Os oficiais da Armada tinham acatado a ordem do Presidente da República, que suspendera o efeito do memorando em branco do Leão-Marinho. O Comandante Perry voltara para a Vila Militar, onde exercia funções burocráticas. Realmente, era difícil contrariar o Barão do Rio Branco, principalmente quando se aliavam a seus argumentos homens do quilate de Pinheiro Machado e Rui Barbosa.

Arriadas as bandeiras escarlates nos quatro navios, o capitão de mar e guerra João Pereira Leite dirigiu-se numa lancha ao *Minas Gerais*, que estava fundeado nas proximidades da Ilha Fiscal. A tripulação o aguardava formada no convés, em posição de sentido. João Cândido aproximou-se e recebeu o novo comandante com um forte aperto de mão. Pereira Leite leu em voz bem alta o decreto de anistia e a banda rompeu num dobrado.

Alguns marinheiros não conseguiram segurar as lágrimas, mas João Cândido manteve-se completamente sereno.

Depois que o novo comandante percorreu todo o navio e assegurou que o recebia em perfeitas condições, ele entregou-lhe o *Minas Gerais* oficialmente.

Para isso, num gesto que tocou fundo em seus camaradas, bateu continência e retirou do pescoço o lenço vermelho.

NÃO REPETIR OS ERROS DO ENCOURAÇADO *POTEMKIN*
Baía da Guanabara, 23 de novembro de 1910

— *P*ara *que urinar no corpo de Batista das Neves? Para que tentar jogá-lo no mar, como um cachorro morto? Isso só vai provocar mais ódio nos oficiais e prejudicar a nossa causa.*

O marinheiro Chaminé baixou a cabeça e balbuciou um pedido de desculpas. A voz de João Cândido, calma e fria, dava-lhe mais medo do que se estivesse gritando. Além disso, também sem elevá-la, o comandante revolucionário acabara de condenar à prisão solitária um marinheiro que ousara enfrentá-lo com bravatas.

— *Darei explicações a vocês de todos os meus atos, mas não cederei nos pontos fundamentais do Comitê Revolucionário. Vocês sabem por que fracassou na Rússia o levante dos marinheiros do encouraçado* Potemkin? *Quantas vezes vou ter que repetir isso?*

O sol começava a nascer por entre as torres dos canhões. Oriundos de outros barcos, duas centenas de marinheiros revoltados se haviam somado aos quinhentos da tripulação do *Minas Gerais.* Muitos outros tinham subido a bordo do *São Paulo, do Bahia* e do *Deodoro, cumprindo uma estratégia longamente discutida. Melhor contar com dois mil marujos de confiança do que com quatro mil duvidosos. Melhor agrupar os amotinados em quatro navios, sendo dois inexpugnáveis, do que tentar manobrar toda uma esquadra no espaço exíguo da baía.*

— *Vocês sabem por que mandei recolher os oficiais mortos em câmara ardente? Vocês sabem por que vamos remeter, daqui a pouco, seus corpos para o Arsenal de Marinha? Vocês sabem por que eles estão recebendo o mesmo respeito que os nossos camaradas mortos em combate? Porque não é contra a Armada, contra a nossa corporação, que estamos rebelados. É contra os castigos injustos que recebemos, contra a maldita chibata, principalmente, contra a comida muito ruim, mas não podre e cheia de larvas como a do encouraçado russo.*

"Nossos camaradas daquele navio, já no primeiro momento do levante, lançaram ao mar os corpos de sete oficiais mortos. Um erro que lhes custou muito caro, alertando os outros comandantes da esquadra russa de que teriam o mesmo fim. De que nunca mais seriam respeitados."

Procurando saber se toda a atenção dos marujos estava concentrada em si, João Cândido fixou alguns rostos mais próximos. Sob os gorros que lhes cobriam as cabeças, surpreendeu olhares de respeito, fisionomias em franca admiração.

– Demos dois tiros de canhão para assustar as autoridades, mas não desejamos destruir a nossa cidade, matar gente inocente, a não ser que sejamos encurralados, que eles tentem alguma abordagem estúpida ou não aceitem terminar com os castigos físicos na Armada.

"Os marinheiros do Potemkin acreditaram na palavra de um oficial que aderiu a eles e que acabou tornando-se um traidor. Nós não ficaremos com nenhum oficial a bordo, vivo ou morto, e não precisamos deles para manobrar os quatro navios. Mas mandei trancar à chave suas cabines e protegê-las com quatro guardas de armas embaladas, pois algum dançarino de maxixe poderia ser tentado a surrupiar pertences que não são nossos.

"A mesma proteção mandei dar ao cofre do navio, porque não somos ladrões e esse erro foi cometido pelos rebelados russos. Abriram o cofre, dividiram o dinheiro entre eles, e mancharam uma revolta legítima com uma nódoa que a história não vai perdoar.

"Ainda esta manhã vamos remeter uma carta ao Senhor Presidente da República, escrita pelo marinheiro Francisco Dias Martins, que assumiu o comando do *Bahia*. Todos vocês sabem os seus termos e concordaram com eles. Não estamos tentando derrubar do poder o Marechal Hermes, mas o faremos se ele não atender aos nossos pedidos e não nos der a anistia depois de devolvermos intactos os quatro navios.

"Aqui neste convés, o nosso colega Marcelino recebeu 250 chibatadas, e nós fomos obrigados a assistir a esse espetáculo *degradante. O baiano ainda se encontra recolhido ao seu beliche, com muitas dores e febre, mas não vai morrer. Nós também não vamos morrer, mas devemos estar preparados para isso. Haja o que houver, meus camaradas, isso não acontecerá novamente.*

"Vamos fazer agora um juramento. Cada um para o seu Deus, cada um para o seu guia. Custe o que custar, mesmo tendo que matar milhares de pessoas e deixar em ruínas a nossa capital, Marcelino Rodrigues Menezes será o último marinheiro chicoteado em um navio brasileiro."

Mal acabara de pronunciar essas palavras, João Cândido foi ovacionado por centenas de vozes, enquanto os gorros eram jogados para o alto, como uma incrível revoada de pássaros brancos.

A CORAGEM DE DIZER A VERDADE
Rio de Janeiro, 27 de novembro de 1910

Com o exemplar recém-impresso nas mãos, o jovem sente um frêmito de emoção. Até aquele momento, ainda tinha dúvidas de que alguém o arrancaria do jornal. De que alguma autoridade civil ou militar convenceria o diretor de *O Paiz* a não dar espaço para tanta verdade. Mas o artigo ali está, intacto, íntegro, sob o seu nome: Gilberto Amado.

Enfim! Podemos respirar livremente. O Almirante João Cândido teve a benemerência de apenas exigir, para nos deixar viver, a anistia, que o Congresso, com uma compreensão pressurosa da gravidade do momento, foi solícito em votar. Apenas a anistia... e os direitos preliminares de respeito humano e de alimentação, que a bordo dos dreadnoughts *parece ter sido timbre em desconhecer a marinhagem que se revoltou, na qual João Cândido avulta como chefe extraordinário.*

Agora, que não se abrem mais para a cidade as bocas trágicas dos canhões; que João Cândido vitorioso, já sem as responsabilidades do comando, desenrugou a fronte e terá somente o sorriso dos heróis e o natural orgulho de um homem que violentou a história, e que a quietação se restabeleceu, é possível viver normalmente, comer com apetite, olhar sem inquietação e pensar lucidamente sobre o caso... Pensar?

Nem sei se, agora, será porventura possível pensar com segurança, quando os cabelos quase não assentaram do arrepio de susto, as pancadas do coração ainda não se apaziguaram no ritmo natural e quando o espírito, cheio das imagens destes dias, incoerentes e complexas, mal pode atentar, não livre da confusão, no aspecto de renascida tranquilidade, que, mercê da clemência dos revoltosos, nos é dado contemplar hoje.

Certo, foram os dias mais arriscados a que nós, os que nascemos com a República e não assistimos a revolta de setembro e outras, tenhamos assistido. Pela primeira vez vi o pânico; fisionomias esbugalhadas, bocas a tremer, o alvoroço triste da debandada. Na minha rua quase não ficou ninguém; houve lágrimas, ataques, soluços ruidosos e o berreiro alarmado das crianças, que viam na face materna a consternação e o pasmo.

Vez em vez, atulhados de bagagens e de pessoas, automóveis fuzilavam nervosamente, numa velocidade imprevista. Era o pavor; parecia o fim de mundo. Lembrei as gravuras dos terremotos, todo o sinistro, o patético, as dores gritadas, o incomparável dantesco dos cataclismos.

Tudo isto era apenas João Cândido.

Depois, com o bálsamo dos desmentidos, ressurgida de improviso a serenidade aos ânimos e a coragem aos valentes, senti na Câmara, deliberando com prudente rapidez sobre as exigências de João Cândido, toda a agitação, toda a trepidação nervosa dos grandes momentos de emoção. Exígua, aglomerada, fervilhante, estrepitosa de vozes e do estralejo metálico daquele sino feroz, que manifesta a energia regimental, a Casa do Parlamento dava uma impressão nunca vista de angústia tumultuária, de asfixia violenta, de desassossego, de febre.

Fora, João Cândido, árbitro do Brasil, evoluía, fazia curvas complicadas, piruetava na baía, na costa – a mais ridícula e a um só tempo a mais formidável ameaça que ainda apavorou uma cidade. João Cândido, o Minas, o navio amado, orgulho do nosso patrimônio superficial, transmudado em navio-fantasma, instrumento de mal e de horror que nunca imagináramos.

Entretanto, entre o assombro, a maravilha:

– Vejam como navegam os revoltosos! Que perícia magistral. É para esses marinheiros que os jornais pediram instrutores estrangeiros...

Isso bastou para, cessada a hipótese de perigo, borbotar o fácil entusiasmo nacional. Quase chegamos a abençoar a revolta, pela surpresa da revelação.

Certo, o direito que animava os revoltosos era uma garantia desse entusiasmo, da alegria popular. Eles mataram o Comandante Batista das Neves, o Tenente Cláudio, mas tinham por si o direito da dignidade humana, o primeiro de todos os direitos, que a chibata feria.

Mas, não foi certamente por isto só, pela afirmação rebelde deste direito, que os revoltosos conquistaram essa simpatia. Foi outro o motivo. Eles comoveram o nosso patriotismo; andamos numa fase em que é tal a falta de grandeza, de ação, de vigor, que qualquer ato nutrido destas virtudes suscita a gratidão popular. No Brasil, João Cândido é esta coisa divina: um especialista que não divaga; um profissional que sabe a sua profissão. Para nós, que chegamos à organização das aparências ilusórias, quando aparece uma realidade precisa, efetiva, verdadeira, é esse alvoroço.

João Cândido nos agradou por isso. Em suas mãos o Minas Gerais *correu na baía com uma graça, uma agitação de batel. Foi uma surpresa maravilhadora. De resto, fora da competência técnica, sua conduta tem algo de extraordinário. Uma simpleza de puritano; nem fanfarronadas nem embevecimentos; é uma austeridade que espanta, que quase o resgata do crime.*

Chefe de uma revolta, senhor exclusivo dos dois maiores vasos de guerra do mundo, tendo aos seus pés, humilhada, implorativa, lacrimejante, uma cidade de um milhão de habitantes, recebe como um guerreiro triunfante o enviado, pelo qual a Nação pede que lhe permitam viver, ainda que tristemente. A Câmara, o Senado sonorizando palavras quase em seu favor, e João Cândido não se embriaga do triunfo. Atira ao mar o depósito de bebidas aristocráticas que a riqueza de bordo acumulava para os festejos diários, enquanto minguavam a ração e cortavam à chibata a pele dos companheiros. João Cândido não bombardeia; não tem um gesto de vingança; apenas pede o seu direito. Sua alma de oprimido se contém em uma firmeza formidável.

Ele, o humilde, o preto aviltado, vitorioso e dominando sozinho, não sente o frêmito, sequer, de derrubar por simples afirmação de orgulho os cocurutos fulgurantes nos quais a cidade alteia o seu fausto e a sua riqueza. João Cândido impõe a disciplina, a ordem a bordo; olha para a cidade piedosamente; e, no entanto, o Minas Gerais *a seu mando é ágil, donairoso, exclusivamente seu e pode, em um instante, dar à sua vingança a grandeza de uma tragédia enorme.*

Em um momento, João Cândido é o árbitro de uma Nação de vinte milhões de almas; impõe a sua vontade, obriga o

Congresso a uma resolução antirregimental, faz de sua resolução a única lei que obedecemos. A salvação que conseguimos veio da sua magnanimidade.

Por mais que desdenhemos os comentários melancólicos, é inútil dissimular a gravidade, o consternador da situação moral do país. É preciso não pensar devidamente no caso, para fugir à evidência do desastre. E o pior é que todos são unânimes em reconhecer que era esta a única solução que nos restava.

Submeter-se a João Cândido. Tem-se a impressão que um século de civilização, todo o nosso passado, a nossa história se desmoronou e que tudo isto veio apenas para provar o disparatado da nossa vida, a falta de ordem, e que é preciso que um país seja o prodígio da desorganização organizada, se é possível assim exprimir a normalidade dos desvarios que têm sido a sequência da nossa vida, para que um tal fato, com todos os característicos cênicos que o rodearam, pudesse efetuar-se.

Uma lição não poderíamos receber de mais eloquência; nenhum instrumento, como esse João Cândido, nos poderia o destino mandar de mais impressiva documentação para a advertência do quanto nos temos alongado do verdadeiro caminho; de como nos devemos arraigar em hábitos mais cuidadosos e mais sérios; de como é tempo de dar à nossa vida outro tom, que esse alegre de manifestações cotidianas, que tem sido a norma cívica dos últimos tempos.

Hoje, talvez, o caso passado, esvaída a sombra do perigo imediato, com a leveza de alma que nos caracteriza, estejamos a sorrir com o nosso otimismo, que é um sinal flácido de preguiça. Continuaremos a confiar no destino que tão generoso nos tem sido, mas que, afinal, um dia há de cansar-se.

Por mais lugar-comum que pareça, é inevitável repetir que precisamos trabalhar com seriedade, cuidar com pressa dos verdadeiros assuntos, dos problemas básicos da sociologia brasileira, com a solução dos quais, unicamente, o Brasil será um país forte, uma Nação sisuda, que não possa, enfim, comicamente, oscilar à vontade de outros Joões Cândidos que apareçam.

Duas crianças mortas
Baía da Guanabara, 23 de novembro de 1910

— E você vai acreditar nesse deputado submisso ao Pinheiro Machado? Nesse comandante com o fardamento cheirando a naftalina?
João Cândido inclinou a cabeça em sinal afirmativo.
— E por quê? Me diga, por quê?
— Porque ele portou-se com dignidade, sem nenhum medo, a bordo do São Paulo e do Minas Gerais. Depois de quase vinte anos na Marinha, eu sinto o cheiro dos covardes a uma milha de distância.
— Valentes podem ser traidores.
— Trair para quê? Ele é o único caminho para eles e para nós. A carta que tu escreveste ao Marechal Hermes não conta a verdade exata do que está acontecendo.
— Nem poderia contar. Foi escrita três dias antes dos fatos, lá na Rua dos Inválidos. E você também concordou que fosse assim.
— Tudo bem, Francisco, mas a verdade é que não temos nenhum oficial preso nos quatro navios e isso está escrito no documento.
— Se você quiser, eu saio por aí e prendo uma meia dúzia deles. Devem estar apavorados, como toda a população do Rio de Janeiro.
João Cândido ergueu a mão direita em sinal de paz.
— Acho, pelo contrário, que eles devem estar se preparando para uma reação e, por isso, pedi que tu viesses falar comigo. Confiamos muito nos telegrafistas, mas nunca se sabe. O meu plano é sairmos barra afora antes da noite e só voltarmos pela manhã.
— E isso para quê?
— Fora da baía, eles não poderão nos atacar com torpedos e nós continuaremos com o mesmo poder de fogo para destruir a

cidade, se a isso formos forçados. Mas acredito que o Comandante José Carlos vai agir rápido a nosso favor.

– O que ele prometeu a você?

– Quando ele entregar a carta, dirá ao Presidente e ao Ministro da Marinha como estamos mantendo a ordem a bordo, que não roubamos nada, que até as garrafas de vinho e champanhe foram jogadas na água para evitar bebedeiras e, principalmente...

– Principalmente o quê?

– Ele contará do estado em que encontrou o Marcelino, tão lanhado da chibata, que ele insistiu para levá-lo ao Hospital da Marinha. Eu vi o rosto dele naquele momento, Francisco, garanto a você que ele ficou horrorizado. E acabar com a chibata é o que tu mais queres, não é?

– O que todos nós queremos, você quer dizer...

– Está certo, não vamos discutir mais. O Comandante José Carlos prometeu que, hoje mesmo, vai narrar todos os fatos na Câmara Federal e começar o trabalho para a nossa anistia. No Senado, ele acredita que Rui Barbosa vai patrocinar a nossa causa, nem que seja para ver o Marechal Hermes de joelhos.

– Não fizemos nada e já estamos pedindo anistia? Os oficiais foram mortos de armas na mão, não houve nenhum massacre. Para mim devemos fazer uma barragem de fogo na parte mais rica da cidade. E exigir a vinda a bordo do Marechal Hermes para assinar o decreto do fim da chibata na nossa frente. Como decidimos no Comitê Revolucionário.

João Cândido baixou a cabeça, acariciou o lenço vermelho no peito e suspirou.

– Recebi um rádio que me fez pensar muito se estamos preparados para matar gente inocente. Um dos tiros que demos esta manhã para assustar a turma do Arsenal de Marinha atingiu uma casa no Morro do Castelo. Morreram duas crianças, Francisco, gente pobre, gente como nós.

– É o preço da guerra.

– Duas crianças, Francisco, e justamente na Rua da Misericórdia.

— *Alguém tem que morrer para eles acreditarem em nossas ameaças.*

João Cândido colocou a mão por dentro da camisa e tocou com as pontas dos dedos na corrente de ferro.

— *Ogum pá ojarê.*

Francisco Dias Martins sorriu com desdém.

— *Já está apelando para a macumba? Ficou apavorado com tão pouco?*

— *Não, estava apenas pensando em voz alta. Sabe o que eu resolvi fazer?*

— *Agora você resolve fazer as coisas sozinho... Muito bem, comandante, o que você resolveu fazer? Para que eu possa contar à tripulação do* Bahia.

João Cândido ergueu-se em toda a sua estatura e fixou Francisco com um olhar tranquilo e frio.

— *É verdade, talvez eles possam nos ajudar. Vou fazer uma coleta entre os marinheiros do* Minas *para ajudarmos a família das crianças mortas. Para que tenham, ao menos, um enterro decente.*

— *E isso tirado do soldo miserável que recebemos?*

— *Exatamente aí é que está o maior valor.*

Francisco baixou a cabeça e remexeu nos bolsos.

— *Quanto você acha que vai ser preciso?*

— *Estou pensando em mandar uns duzentos mil-réis.*

— *Pode contar com o pessoal do* Bahia, *acho que essa atitude vai ser boa para todos nós.*

João Cândido tocou no peito com o dedo indicador mutilado.

— *Também acho, mas só aqui no coração de cada um. Não quero que ninguém da imprensa fique sabendo. Se não, podem pensar que é um ato político, ou de propaganda, e nós sabemos que não é.*

O RUGIDO DO LEÃO-MARINHO
Rio de Janeiro, 28 de novembro a 7 de dezembro de 1910

O Almirante Marques de Leão está inquieto. Sozinho na sala de espera, tira do bolso a caixinha de metal, mas não aspira o rapé. Na sua mente disciplinada, aquele gesto é uma covardia. Fica com ela na mão, sentindo o prazer de acariciar a superfície fria e polida. Depois, num gesto brusco, a guarda no bolso direito da túnica.

Como será a audiência com o Marechal Hermes? Nunca foi da sua intimidade e sente-se constrangido porque vai encontrá-lo sozinho. Nada demais, afinal, que fosse a primeira vez. Assumira o Ministério da Marinha há menos de duas semanas, e logo começara todo aquele tumulto.

O presidente deve estar fazendo a barba ou tomando chimarrão. Tomara que não me ofereça o mate. Me sentiria ridículo chupando na mesma bomba, depois dele. Até que o gosto não é ruim, quando a gente se acostuma. Como o rapé, ele nos aclara as ideias, até mata a fome, de uma certa maneira. Mas sempre me lembra o Paraguai e fica com gosto de pólvora, com cheiro de sangue.

Pelo amor de Deus, meu camarada, respire fundo e deixe de pensar asneiras. Se o presidente chamou você aqui, no terceiro andar do palácio, na ala residencial, é porque vai assinar o decreto. E você fica aí como um guarda-marinha, um colegial nervoso na hora da prova. Sabe de uma coisa? A maior responsabilidade é dele mesmo.

Só a assinatura dele pode validar o documento. Ele que fique nervoso, então; você está apenas cumprindo o seu dever.

A espera se prolonga. O ministro olha para os lados e passa um dedo por dentro do colarinho alto e engomado. Faz calor na saleta contígua ao gabinete privado do Presidente da

República. A única janela está fechada e as luzes acesas. Mas lá fora já deve estar dia claro. Deixe ver... São seis e trinta e cinco. Não é possível. Faz só quinze minutos que estou aqui.

Dois dias depois de cessada a revolta, Marques de Leão está apenas seguro de uma coisa. É preciso livrar-se, de uma maneira ou de outra, dos marinheiros rebelados, pelo menos, dos mais perigosos entre eles. Como podem o Comandante Pereira Leite e os demais que assumiram os navios conviver com os facínoras que assassinaram os oficiais e ficaram impunes? Sabemos, agora, exatamente quem são eles. Porque, em lugar de se envergonharem, formaram um grupo que chamam de *faixas pretas* e não obedecem a ninguém, nem ao João Cândido, que agora acusam de estar do lado dos oficiais. Quem adere a esses energúmenos, além de não obedecer às ordens dos superiores, deve usar o lenço marinheiro a tiracolo, como um distintivo de insubordinação.

Marques de Leão abriu uma pasta e leu um a um os nomes odiados: Ernesto Roberto, Vitalino José Ferreira, André Avelino, Vitório Nicássio de Oliveira, João José do Nascimento e Aristides Pereira, o famigerado Chaminé, que urinara no cadáver do Comandante Batista das Neves. Esses eram os piores, mas havia muitos outros para punir, e todos estavam anistiados, livres não só da chibata, mas de qualquer tipo de castigo, até do simples desligamento dos quadros da Armada.

O ministro ouviu bem próximo a sirene de um navio e sobressaltou-se. Depois, sacudiu a cabeça, desconsolado. No dia anterior, no *Minas Gerais*, João José Nascimento, o mesmo assassino que terminara de matar Batista das Neves a golpes de machadinha, feriu à faca o grumete Antônio José, por motivos libidinosos, e nada lhe aconteceu. No mesmo navio, o praça Cursino Bispo levou um tiro no fígado, foi baixado ao hospital, e ninguém sabe quem atirou e por quê. No *Deodoro*, estando de serviço o primeiro-tenente Barros de Azevedo, houve uma luta corporal no convés de proa. O oficial ouviu tiros e viu um dos contendores cair na água e nadar em direção ao *Minas Gerais*, pedindo socorro.

Os oficiais não estão sendo desacatados ou agredidos, mas a maioria dos marinheiros só cumpre suas ordens de má vontade ou, simplesmente, as ignora. As comunicações clandestinas entre os navios continuam constantes, bem como o envio de recados por lanchas, tudo à revelia das autoridades. As formaturas são atendidas por poucos voluntários. Holofotes são ligados sem autorização. Maquinistas recebem ordens diretamente de marinheiros, sem que os oficiais possam interferir. E o pior, algumas vezes, eles é que escolhem seus comandantes. O primeiro-tenente Gustavo Goulart, antes de assumir seu posto no *Deodoro*, foi obrigado a desembarcar. Quanto ao segundo-tenente Godofredo Rangel, eles nem o deixaram entrar a bordo. No *Minas Gerais*, um foguista de nome Miranda alojou-se depois da anistia no camarote de um oficial e recusa-se a sair... Como manter a disciplina na Marinha de Guerra dessa maneira?

Envergonhado, sentindo o sangue a subir-lhe ao rosto, o Leão-Marinho infla o peito e endurece os maxilares. Ao lado de sua pasta, traz a maior prova para o Marechal Hermes de que é preciso reagir imediatamente. Um exemplar do *Diário de Notícias* que o capitão-tenente Roberto de Barros lhe entregara já na entrada do Catete. Um monte de papel sujo que ele fora obrigado a ler rapidamente, enojado por tanta politicagem. E olhou para o jornal com ganas de rasgá-lo e levar os pedaços para serem engolidos pelo articulista.

Era infâmia demais. Esse tal Pinto da Rocha criticava o Clube Militar por ter decidido manter a bandeira a meio mastro, por sete dias, em homenagem aos oficiais mortos na rebelião. Ridicularizava as autoridades navais por não terem tido a coragem de ir a bordo dos navios revoltados *confabular* com os rebeldes, o que só um político, José Carlos de Carvalho, o fizera *com dedicação e intrepidez*. Lançava seu sarcasmo sobre a impotência do Governo, sua incapacidade de reagir, e terminava dizendo que *se essa bandeira presidiu ao suplício dos marujos, no zumbido aviltante do vergalho e da chibata, lanhando as costas dos soldados que a defendiam, tem razão o Clube Militar: esse aviltamento merece bem as armas em funeral.*

Abre-se a porta do gabinete presidencial e o capitão ajudante de ordens adianta-se e bate continência. Ao entrar na sala, um forte cheiro de tabaco ordinário invade as narinas do Leão-Marinho. E o pior, além de tirar baforadas daquele cigarro de palha fedorento, Hermes da Fonseca está com a cuia de chimarrão pronta a ser oferecida ao seu ministro.

Felizmente para Marques de Leão, não foi preciso desfilar a série de argumentos que preparara. O presidente estava convencido de que, três dias depois de sancionar o decreto de anistia, era absolutamente necessário assinar outro capaz de anular os seus efeitos. Assim, depois de vê-lo lutando para tomar um mate com água muito quente, despachou-o com o original do documento que ansiava por receber.

Decreto Nº 8.400

Atendendo ao que lhe expôs o Ministro de Estado dos Negócios da Marinha, resolve autorizar a baixa, por exclusão, das praças do Corpo de Marinheiros Nacionais, cuja permanência se tornar inconveniente à disciplina; dispensando-se a formalidade exigida pelo artigo 150 do Regulamento anexo ao Decreto Nº 7.124, de 24 de setembro de 1908, e revogando-se as disposições em contrário.

Rio de Janeiro, 28 de Novembro de 1910. 89º da Independência e 22º da República.

Hermes Rodrigues da Fonseca – Joaquim Marques Batista de Leão

Em terra, os navios não ameaçavam mais ninguém. Os rebeldes estavam desmobilizados. O apoio popular sumiu-se rapidamente como o *brouillard*, o nevoeiro de verão sobre a Baía da Guanabara. A caricatura do jornal *O Malho*, em que João Cândido aparece como uma estátua viva, cercado por mulheres que sorriem e homens que lhe tiram o chapéu, já perdera a razão de ser. O carnaval chegara ao fim. O juiz apitara o final da partida. Os negros tinham que voltar para o seu lugar.

Por isso, apenas um brasileiro ergueu a voz contra o novo decreto. E esse valente foi, mais uma vez, Rui Barbosa. Em sessão do Senado do dia 29 de novembro ele afirmou, com a força da palavra que lhe era peculiar:

O decreto de anistia não foi além dos intuitos e dos desejos das autoridades federais. Uma vez adotada pelo Congresso e sancionada pelo Governo, a anistia era um ato definito, irreparável e irretratável.

Um ato que fora anulado, na prática, pelo decreto do dia anterior. Não havia dúvidas para ele que os congressistas tinham sido usados, manipulados e, agora, desrespeitados pelo Presidente da República. Que os marinheiros tinham acreditado na palavra da lei. Que haviam ido oferecer-lhe flores em sua própria casa, acreditando que a anistia era verdadeira. E, agora, estavam à mercê de seus algozes.

No dia 7 de dezembro, o Chefe do Estado-Maior da Armada, Almirante Pinheiro Guedes, deu forma ao que lhe permitia o instrumento legal. Reuniu os comandantes dos quatro navios onde ainda estavam os rebeldes anistiados e deu-lhes as ordens para o expurgo. Todos os marinheiros que eles considerassem inconvenientes para a disciplina a bordo deveriam ser desembarcados e recolhidos à Ilha de Villegaignon. Foi tão grande o número de praças forçados ao desembarque que faltou pessoal até para os serviços de rotina, de manutenção dos navios.

Francisco Dias Martins pediu demissão da Marinha, pegou suas coisas e sumiu-se completamente. André Avelino fugiu para o norte do país. João Cândido e Manoel Gregório continuaram a bordo do *Minas Gerais* e do *São Paulo*. Corriam boatos que soldados do Exército iriam invadir os navios para retirar à força os remanescentes da revolta.

OS AMOTINADOS COMEMORAM A ANISTIA
Junto à Ilha Redonda, 25 de novembro de 1910

A euforia era geral. A notícia de que o Marechal Hermes assinara o decreto de anistia merecia uma grande comemoração. Fora da barra, os quatro navios amotinados afastaram-se um pouco mais do que o costume para passar a noite em segurança. Ancorados próximo à Ilha Redonda, os marinheiros aproveitaram as últimas luzes do dia para engalanar os barcos como na Passagem do Equador. Barbantes com bandeirolas verde-amarelas foram sendo espichados pelo passadiço, enfeitando as carrancas dos enormes canhões.

  João Cândido concordara com a festa, mas controlava todos os detalhes para evitar excessos. Marinheiros de sua inteira confiança tinham feito uma inspeção para evitar qualquer consumo de aguardente. Não era hora de concessões com a disciplina. Parecia até um milagre que aqueles homens tivessem passado três dias aceitando todos os riscos, cumprindo todas as suas ordens. Milagre para quem só acreditava na chibata e duvidava da lealdade de quem não fosse branco, de quem não portasse galões. Para ele, que os vira cumprindo tarefas arriscadas nos velhos navios a vela, que os acompanhara em combate na Revolta da Armada e na Amazônia, que estivera lado a lado com eles nas aulas recebidas na Inglaterra, aquelas 72 horas de convívio revolucionário apenas reafirmaram suas convicções.

  Ninguém quisera ouvir os gemidos dos marinheiros açoitados. Agora, sob a mira dos canhões, o povo tinha descoberto que eles eram capazes de manobrar sozinhos qualquer tipo de navio, que não eram bêbados nem sanguinários. O Marechal Hermes, aconselhado por Pinheiro Machado, conforme afirmavam os jornais que vinham para bordo todos os dias, só aceitara curvar-se pela absoluta impossibilidade de reagir. Tinha assinado a anistia, *concordado com o fim da chibata, aceitado a rendição, como única maneira de manter-se no poder. Mas João Cândido estava feliz e disposto a voltar tranquilamente, no dia seguinte, à sua simples condição de timoneiro. Olhando as luzes que se acendiam na Praia de Copacabana e no alto do Pão de Açúcar, sentia um grande alívio por não ter bombardeado aquela cidade.*

Naquele momento, do seu posto na torre de comando do Minas Gerais, João Cândido Felisberto era um comandante de verdade. Um Almirante Negro, como a imprensa o apelidara, mas vestindo a farda surrada dos marinheiros comuns. Distinguindo-se de seus comandados apenas pelo lenço vermelho ao pescoço e pela velha espada de abordagem que portava à cinta. Mas, à diferença de muitos ambiciosos que tinham atingido aquele posto, era um homem sem ódio no coração.

Um grupo de marujos batendo tambores aproximou-se da torre de comando. Atrás deles, dezenas de outros ensaiavam passos de maxixe e cantavam a plenos pulmões. Um pernambucano, que tinha fama de trovador, ergueu o braço e fez calar a batucada. Com seu sotaque típico nordestino declamou uma quadrinha do tempo da Revolução Praieira:

> *Quem nascer em Pernambuco*
> *Deve estar desenganado*
> *Que há de ser Cavalcanti*
> *Ou há de ser cavalgado*

Depois de esperar pelos aplausos, improvisou:

> *Quem nascer pra marinheiro*
> *Não mais vai ser açoitado*
> *Se dobra ao nosso Almirante*
> *Ou há de ser bombardeado*

> *João Cândido Felisberto*
> *Nessa torre de comando*
> *É a própria escravatura*
> *Que hoje está acabando!*

Desta vez, além dos aplausos, os gritos dos marujos repercutiram por todo o navio. Voltaram a soar os tambores e, surgido não se sabe de onde, ergueu-se diante de João Cândido o homem com máscara de tubarão. Novos aplausos e os tambores mudaram de toque para o ajagun.

Ao ouvir o toque guerreiro de seu orixá, o Almirante Negro entendeu que alguma coisa de importante estava faltando. E imediatamente deu-se conta do que era. Antes de comemorar aquela vitória, era preciso homenagear os mortos da insurreição. Erguendo o braço direito, pediu e obteve silêncio. Respirou fundo o ar morno da noite e fez uma pequena oração aos seus camaradas:

– Temos direito à festa porque esta é a última noite que passaremos juntos, nos quatro navios, antes de devolvê-los ao comando da Armada.

– Devemos comemorar com alegria a nossa vitória, porque, como prometemos, nunca mais seremos açoitados e tratados como escravos nos navios de guerra brasileiros.

– Mas, antes de continuarmos com as danças, versos e canções, devemos homenagear os nossos companheiros mortos. Devemos saudar os marinheiros que pagaram com a vida a ousadia de lutar por seus próprios direitos.

E, erguendo ainda mais a voz, deu a ordem que tocou fundo em todos os marinheiros:

– Em forma, meus camaradas!

Em alguns momentos, toda a tripulação do Minas Gerais estava formada em perfeito alinhamento.

– Sentido!

– Corneteiro! Pode cumprir o seu dever!

O bocal do clarim foi encostado em dois lábios grossos. E as notas do toque de silêncio ecoaram pelo convés do navio, vibrantes e ternas, perdendo-se depois nas águas negras do mar.

A ILHA DAS COBRAS
Rio de Janeiro, 10 de dezembro de 1910

Mal rompeu a aurora, começaram a troar os canhões. Granadas rebentavam na Avenida Marechal Floriano e nas ruas próximas. Um pobre mascate teve a cabeça arrancada por um projétil. O Largo do Paço parecia um campo de guerra, varrido pela metralha. E o mais incrível: uma verdadeira multidão assistia ao combate, buscando abrigar-se em lugares seguros.

Um padre aproximou-se do maior canhão que atirava contra a Ilha das Cobras e não conseguia acertar o alvo. O religioso fez uma pequena prece para os artilheiros, pegou um santinho do bolso da batina e colocou-o sobre o cano quase incandescente. Mas de nada adiantou a sua ajuda. Somente do alto do Mosteiro de São Bento os obuses partiam certeiros, causando enormes danos aos prédios onde se abrigavam os amotinados.

O que acontecera para desencadear esse combate de artilharia em pleno centro da capital? Os jornais da manhã, que eram disputados aos encontrões pelos populares, davam notícias desencontradas. Somente se sabia, com certeza, que estourara outro movimento sedicioso na Marinha de Guerra. E que o foco estava concentrado no Batalhão Naval, corpo de infantaria da Armada, aquartelado na Ilha das Cobras.

O pior era que o Hospital de Marinha estava também situado naquela ilha. E que os obuses caíam sobre ele com igual intensidade. O canhoneio era incessante vindo de terra e de diversos navios que evoluíam na Baía da Guanabara. Os marinheiros estavam agora contra os fuzileiros? Realmente, naquela manhã, ninguém entendia mais nada.

Na Embaixada do Reino Unido, diplomatas e visitantes contemplavam o massacre através de binóculos. Como a esquadra inglesa estava ancorada na baía, e até auxiliara o início do bombardeio iluminando a ilha com seus potentes holofotes, as notícias chegavam ali diretamente do Palácio do Catete. Sabiam os ingleses, em primeira mão, que os quatro navios que lideraram o levante anterior tinham sido previamente neutralizados. Um diplomata apontava para eles e contava, entre risos, como os oficiais haviam roubado as culatrinhas dos canhões, sem as quais nenhum tiro poderia ser disparado. O material fora recolhido em malas de ferro e escondido em local fora do alcance dos marinheiros. Realmente, um golpe de mestre do Leão-Marinho, concordaram todos, durante o almoço na embaixada.

O movimento eclodira na noite anterior. Um toque de clarim, chamando ao combate, tinha ecoado sinistramente pela Ilha das Cobras. Em poucos minutos, grande parte dos seiscentos fuzileiros navais avançou para o pátio do quartel, aos gritos pela liberdade. Alvejaram a tiros as instalações do comando e quebraram o aparelho telefônico. Apagaram a iluminação e cercaram a ladeira da praça d'armas, onde estavam os oficiais, impedindo à bala a entrada no quartel. Arrombaram o paiol de munição e trouxeram artilharia e metralhadoras para o pátio. Soltaram os presos e cercaram os pontos de saída da ilha.

O bombardeio da Ilha das Cobras teve início às cinco horas da manhã, depois de avisado o comandante da divisão inglesa que se achava no porto. Atiraram, ao mesmo tempo, uma bateria do Exército, no Morro de São Bento, o encouraçado *Floriano*, os cruzadores *Barroso*, *Tamoio e o scout Rio Grande do Sul*.

Na tarde do dia seguinte, a ilha dos amotinados vira um montão de ruínas sepultando centenas de cadáveres. De nada adianta a bandeira branca içada pelos sobreviventes. O canhoneio continua durante muitas horas, embora o Governo Federal tivesse dominado completamente a situação, a ponto de o próprio Marechal Hermes ter vindo assistir ao final do combate. A ordem é para que os navios e a artilharia do Exército continuem atirando contra a Ilha das Cobras até que o Congresso vote o estado de sítio. A ditadura consentida com a força da lei.

Enquanto os canhões rugem, a Presidência da República envia ao Parlamento a seguinte mensagem:

Senhores Membros do Congresso Nacional:

Cumpre-nos levar ao vosso conhecimento que à noite passada, às 11 horas, mais ou menos, manifestou-se a bordo do scout Rio Grande do Sul e no Batalhão Naval, aquartelado na Ilha das Cobras, um movimento subversivo de marinheiros e de praças daquele Batalhão.
Devido ao grande valor e abnegada energia da oficialidade daquele navio de guerra, a rebelião que a seu bordo irrompeu pôde ser inteiramente dominada, com o sacrifício da vida heroica do capitão-tenente Carneiro da Cunha.
Outro tanto não aconteceu com o Batalhão Naval, cuja oficialidade, não obstante a sua heroica bravura, não conseguiu reprimir o movimento de indisciplina que, de grande número de praças, se estendeu aos presos que na ilha existem. O Governo tomou as mais enérgicas e prontas medidas para sufocar a insubordinação que, felizmente, está circunscrita à Ilha das Cobras, mantendo-se fiéis todos os navios da Esquadra.
Não é possível, entretanto, esconder que este fato, seguindo-se tão perto aos acontecimentos do dia 22 de novembro, é o resultado de um trabalho constante e impatriótico que tem lançado a anarquia e a indisciplina nos espíritos, especialmente dos menos cultos e, por isso, mais suscetíveis de fáceis sugestões.
Esta é a grave situação que o Governo cumpre o dever de levar ao conhecimento do Congresso Nacional, a fim de que este adote as medidas que seu patriotismo aconselhe.
Rio de Janeiro, 10 de dezembro de 1910.
Hermes Rodrigues da Fonseca

Ao mesmo tempo, o Presidente da República remete para o Senado o Projeto nº 68/1910, com o seguinte teor:

Artigo único: Ficam declarados em estado de sítio até 30 dias o território do Distrito Federal e o Estado do Rio de Janeiro; revogadas as disposições em contrário.

Mais uma vez, uma única voz ergueu-se no Senado contra a tirania. Com a exceção de Rui Barbosa, todos os demais senadores votaram pelo estado de sítio. Ato confirmado pela maioria esmagadora dos deputados.

Os marinheiros da Revolta da Chibata, que nada tinham a ver com o levante do Batalhão Naval, estavam à mercê dos seus carrascos.

O INTERROGATÓRIO
Rio de Janeiro, 13 de dezembro de 1910

– Nome completo?
 – João Cândido Felisberto, senhor.
 – Posto na Armada?
 – Marinheiro timoneiro de primeira classe, senhor.
 – Qual a sua unidade naval?
 – Encouraçado Minas Gerais, *senhor.*
 – Por que desertou do seu navio?
 – Não desertei do meu navio, senhor. Quem deixou o Minas Gerais *no momento do levante na Ilha das Cobras foram os nossos oficiais.*
 – E por que eles fariam isso?
 – Eles ficaram inseguros, com medo de que nós estivéssemos apoiando os revoltosos, senhor.
 – Está acusando seus oficiais de covardes e desertores, seu canalha?
 – Não, senhor, estou apenas dizendo a verdade. Se eu estivesse desertando, não desembarcaria no Arsenal de Marinha, onde certamente seria preso, como fui.
 – Vocês apoiaram os amotinados e forçaram os oficiais a deixar o Minas *na madrugada do dia 10, essa é a verdade. E só não entraram em combate porque os seus superiores, sabendo que seriam traídos, não deixaram os canhões em condições de atirar.*
 – Em verdade, senhor, um canhão estava em condições, e atiramos com ele contra a Ilha das Cobras.
 – Atiraram contra seus próprios camaradas? Quer que eu acredite nessa história da carochinha?
 – Não eram nossos camaradas, senhor, nem sabemos por que se revoltaram... Atiramos contra eles porque essa foi a ordem dos nossos superiores.

— Ah! Agora vocês obedecem às ordens dos superiores...
— Foi o que fizemos, senhor, depois que fomos anistiados e acabaram com a chibata, nosso único compromisso é com a Armada. Atiramos várias vezes. Impossível que ninguém tenha visto os pontos de fogo saídos do Minas. Além disso, mandamos um rádio para o Ministério da Marinha pedindo mais munição e instruções para o ataque. Eles podem confirmar o que estou dizendo, senhor.
— Está me chamando de mentiroso, soldado?
— Com todo o respeito, senhor, não sou soldado, sou marinheiro.
— Para mim, que sou oficial superior do Exército Brasileiro, você é um soldado raso, petulante e insubordinado! Um negro vagabundo a serviço de políticos que agora calaram a boca, que agora não podem mais afagar essa sua gaforinha... Sargento! Onde está aquele outro cachorro que vocês pegaram fugindo do São Paulo? O tal de Manoel Gregório?
— Um que é cabo? Está no xadrez do Primeiro Regimento de Infantaria, seu Major.
— Senhor Major, é como se diz.
— Sim, senhor... senhor Major Pamplona... O senhor vai interrogar ele também? Quer que mande buscar ele, senhor?
— Primeiro é para dar uma amaciada nele, um suadouro, entendeu? Tirem toda a roupa dele e metam aquele pau de arara lazarento numa solitária onde ele só possa ficar de cócoras. Que fique se fodendo por lá até que eu mande buscar, tá entendido?
— Sim, senhor Major. Já estou indo, senhor.
— E quanto a você, almirante de merda, acho que também chega de interrogatório educado. Você diz que é marinheiro, que não é soldado, mas sabe o que é isto que eu estou tirando do coldre, não sabe?
— ...
— O QUE FOI? ENGOLIU A LÍNGUA, NEGRO FILHO DA PUTA?
— É... É o seu revólver regulamentar, senhor.

– Revólver regulamentar... É ISSO MESMO, SEU PRETO ASSASSINO! E SABE O QUE EU VOU FAZER COM ESTE MEU REVÓLVER REGULAMENTAR?
– ...
– VAMOS, SEU CAGÃO, MARINHEIRO DO CARALHO! AQUI É UM QUARTEL DO EXÉRCITO, TÁ ME ENTENDENDO? AQUI NÃO É NENHUM NAVIO DE MERDA, TÁ ME ENTENDENDO? AQUI A NEGRADA NÃO MANDA!
– ...
– É... Melhor eu falar mais baixo, bem perto do seu ouvido. Parece que só de arma... na mão... e encostada nessa sua orelha suja... é que você vai me dizer a verdade... vai me dizer quem é o seu chefe... quem manda mesmo em você...
– Sim... senhor.
– E QUEM MANDA EM VOCÊ, SEU CACHORRO LOUCO? ME DIGA!
– Meus superiores da Marinha, senhor.
– Seus superiores da Marinha, almirante? Aqueles que vocês matam e mijam em cima? PENSA QUE EU SOU UM BOÇAL COMO VOCÊ?
– ...
– Tá bem, deixe eu engatilhar este revólver regulamentar, como você diz, e lhe perguntar o nome do seu chefe, que você vai me dizer com todas as letras, almirante dos meus culhões.
– ...
– Vai me dizer o nome do seu chefe, do que planejou toda essa baderna. Vai me dizer o nome daquele baiano corno que perdeu a eleição para o Marechal Hermes, daquele político de merda que anistiou um bando de assassinos e anda aí solto pela rua. Que continua fazendo discursos contra nós no Senado.
– ...
– DIGA O NOME DELE, SEU MARICAS! É OU NÃO É VERDADE QUE VOCÊ LEVOU FLORES NA CASA DELE, DEPOIS QUE ELE PERDOOU VOCÊS?
– ...
– ...

– Está certo... Deixe eu limpar o cano da minha arma e lhe dizer, bem na calma, o que vai acontecer. Vou mandar enterrar você no pior buraco que tiver, numa solitária onde nem o diabo aguenta, sem pão, sem água, para você beber a sua urina e comer a sua merda. E depois... Vamos ver se você me diz ou não o nome do seu chefe...

– ...

– E NÃO OLHE NOS MEUS OLHOS, SEU CORVO IMUNDO!

– ...

– SARGENTO ANTÃO! TIRE ESTE NEGRO FILHO DA PUTA DA MINHA FRENTE! Agora mesmo... Antes que eu cometa uma insensatez.

Fora da solitária número 5
Ilha das Cobras, 25 de dezembro de 1910

Alta madrugada. Calor insuportável. Diante do portão de ferro da prisão solitária número 5, o carcereiro aguça o ouvido. Parece ouvir gritos abafados, vindos da cela encravada na muralha. Nada vê no seu interior, porque um segundo portão, de madeira grossa, lhe impede a vista. Preocupado, passa um lenço sujo pelo rosto e volta pelo corredor escuro, carregando o lampião de querosene.

Acordar o tenente, que ficara furioso por estar de serviço na noite de Natal, assusta de verdade o sargento carcereiro. Antes de bater na porta do quarto, pega uma garrafa de cachaça escondida debaixo de um monte de palha suja e bebe um gole. Pensa na mulher, nos cinco filhos e na casinha onde viviam até a Ilha das Cobras ser bombardeada. Sabe Deus como conseguimos sair de dentro dela, logo que começou o canhoneio. Foi uma das primeiras atingidas, não sobrou nem a chapa do fogão. Mais um longo gole. Pensa na família refugiada no alto do Morro da Mangueira, na casa dos sogros. Gente alegre. Por lá, devem ter passado uma linda noite de Natal. Vamos ver se me dão uma folga no primeiro do ano. Tudo aqui nesta ilha virou um monte de sucata. Somente no fundão destas masmorras a gente ainda caminha sem tropeçar em pedras caídas, sem sentir o cheiro dos mortos.

Que calor dos diabos! É melhor eu esconder esta garrafa e acordar duma vez o tenente. Se não, a culpa vai estourar em cima de mim. Que diabos... O homem tem sono pesado, mesmo. Vai ver também encheu o bucho de cana... Cana coisa nenhuma, esses bundinhas da Armada só bebem coisa fina, champanhe, vinho do Porto... Até que enfim, ele acordou.

— O que está acontecendo, Sargento Rufino? Espero que seja coisa séria, mesmo.

— Desculpe seu tenente, mas é que o guarda ouviu uns gritos na solitária número 5 e eu fui dar uma olhada.

— E daí? O que tem que essa canalha grite? Daqui não se ouve nada.

— É que, senhor, faz dois dias que eles estão lá dentro... Gente demais para o tamanho daquela cela.

— Quantos prisioneiros estão nessa solitária, sargento?

— Dezoito, senhor.

— E quantos cabem, normalmente?

— Uns cinco ou seis, senhor.

O tenente coçou a cabeça, arrepiando anda mais o cabelo despenteado.

— Com este calor medonho... É melhor abrir a cela e ver como eles estão.

— Impossível abrir a cela, senhor.

— O que houve? Emperrou a porta? Isto tudo aqui é do tempo de Tiradentes.

— Não senhor, é que o comandante levou a chave com ele. E foi dormir em casa, na cidade.

O tenente ficou perplexo. Por que o Comandante Marques da Rocha iria passar a noite de Natal com a chave daquela masmorra no bolso? Tinha que haver uma explicação.

— Quem são os prisioneiros que estão lá dentro, Sargento Rufino?

— A lista não está comigo, senhor. Mas sei que são marinheiros e soldados navais. Parece... que alguns são os cabeças dos dois motins.

— Então é por isso. O comandante não quis se arriscar com essa gente. Já foi traído uma vez e ficou ressabiado.

— Tenente...

— Sim, sargento?

— Tem um lá dentro que eu conheci quando entrou.

— Desembucha... Quem é ele?

— Um negro grande, o tal de João Cândido, senhor.

– Olalá! Botam essa fera na minha jaula e não me avisam nada... Não se pode abrir mesmo aquela porta, sargento. Se não, vamos ter que bater continência para o Almirante Negro.
– E se os homens estiverem morrendo, senhor?
– E por que iriam morrer?
– A cela foi desinfetada com água e cal. E não nos deram tempo de completar a limpeza. Com este calor, a cal ressecada pode estar sufocando aquela gente amontoada pelo chão. Tudo de pedra, senhor, quase sem nenhuma ventilação. Podem morrer sufocados, mesmo. Já vi um caso assim na Ilha Grande, tenente.

O oficial encolheu os ombros.
– Vamos lá dar uma espiada.

Diante da solitária número 5, o tenente e o sargento ficaram alguns momentos em silêncio. Nenhum ruído.
– Bem, sargento. Vou anotar tudo isso no meu relatório. Ou morreram todos, ou estão dormindo. Mas, sem a chave para abrir esta cela, nada podemos fazer.

Sob a luz amarelada do lampião, o sargento fez uma careta.
– E se houver inquérito, senhor?

O tenente encolheu mais uma vez os ombros.
– Se morrer alguém, nós dois estamos safos, sargento. O comandante é que vai explicar para quem de direito. E, se ele levou a chave, é porque tem as suas razões.
– Que ele levou, eu tenho certeza. Eu que entreguei para ele. Uma chave grande, assim...
– Tudo bem, sargento. Eu vou-me embora. Se quiser, pode ficar mais um pouco por aqui.
– Acho que não vai adiantar nada, senhor. E, de qualquer forma, tenho que ir iluminando o caminho. Tem cada ratazana por aqui capaz de engolir um gato.

Desta vez, foi o tenente que fez uma careta. Depois, com expressão séria, aguçou os ouvidos por alguns momentos.
– Não se ouve nada. Vamos dormir mais um pouco, sargento. Ainda faltam umas duas horas para a alvorada.

Dentro da solitária número 5
Ilha das Cobras, 25 de dezembro de 1910

João Cândido não grita por socorro. Precisa poupar o fôlego para seguir respirando. Os que mais gritaram foram os primeiros a desmaiar uns sobre os outros. O pó de cal entra por suas narinas e parece lhe queimar a garganta, forçar caminho para os pulmões fechados. Sem água há dois dias, recolhe na concha da mão um pouco da própria urina e a bebe com sofreguidão.

Seus pés descalços pisam nos corpos dos companheiros. Os olhos se fixam na luz amarelada do lampião, como em busca de um farol. Poucos vultos ainda estão em movimento. Não sente mais o cheiro que o fizera vomitar pela manhã. Alguém berra, babuja de saliva a sua orelha e João Cândido perde o equilíbrio e cai. O corpo por debaixo dele está duro e frio. Apavorado, ergue-se, apoiando um pé na cara do morto, outro num braço ainda com vida. Cai outra vez e se arrasta de gatinhas por cima de outros corpos que não se movem mais.

Na sua mente perturbada pela inanição, as imagens reais se misturam com versos antigos e imagens da infância. *Era um sonho dantesco ao tombadilho... Que das luzernas avermelha o brilho, em sangue a se banhar... Tinir de ferros, estalar de açoites, legiões de homens negros como a noite horrendos a dançar... E os arrancos alucinados dos prisioneiros, os gritos roucos, as maldições... Negras mulheres suspendendo as tetas... Magras crianças, cujas bocas pretas sugam o sangue das mães...* Diante dele, dançando no mesmo ritmo alucinado das outras mulheres negras, os seios fartos balançando em liberdade, enxerga a mulher mais bela de todas, a sua mãe.

Abre os olhos e continua no escuro. Mas ouve as cabeças batendo contra as muralhas, vê a mesma dança macabra do navio negreiro... *Senhor Deus dos desgraçados... Dizei-me vós, Senhor*

Deus, se eu deliro ou se é verdade, tanto horror perante os céus... De onde saiu esse orangotango branco? Eu o deixei desembarcar do navio, ir para junto da mãe doente... Devia ter matado essa fera com as minhas mãos. Como posso ver seus olhos se estou de costas? NÃO! O GATO DE NOVE CAUDAS NUNCA MAIS! O carrasco arreganha os dentes brancos e aplica a primeira chibatada. E outra, e mais outra. Parece uma máquina, uma locomotiva que resfolega e repete os movimentos com absoluta precisão. No meio das costas, mais para a esquerda, mais para a direita. E a chibata vai-se empapando de sangue.

Meu deus da África, meu orixá, me entrego em tuas mãos. Ogum pá ojarê. Ogum mata com razão. Meu São Jorge Guerreiro. Ogum, meu pai. Não consigo mais respirar. Por que o meu corpo está tremendo? Por que estou batendo no peito com o punho da mão direita? Não tem espaço, vou pisar em cima dos mortos. Não posso girar assim, meu pai...

Sente cheiro de cachaça, de fumo forte, e olha fascinado para as mãos grossas do avô. Apoiadas sobre os joelhos parecem cascas de corticeira queimadas pelo fogo. Em movimento, lembram pássaros em revoada, ora negros, ora brancos. Com os olhos fechados, o coração em disparada, reconhece o pai. No rosto marcado de rugas, as narinas amplas sugam o ar em desespero. Acorda, menino, o dia já está clareando, encilha o teu cavalo branco. Me deixe dormir, meu pai. Vem comigo, meu amor, vem passar o mel de Iemanjá nestas pedras grandes. Me deixe dormir, Aiabá, minha rainha. Me deixem todos dormir.

João Cândido cai pela última vez. Mas ainda ouve, muito longe, o toque dos atabaques. Um a um, todos os prisioneiros se deixam afundar como afogados. Os últimos gritos transformados em murmúrios. Silêncio completo, agora. Olhos abertos, braços e pernas imóveis. O suor secando nos corpos sem vida.

O MÉDICO E O MONSTRO
Rio de Janeiro, 25 de dezembro de 1910

Onze horas da noite. O médico não pretendia acordar a mulher. Exausto, temia uma longa conversa antes de poder dormir. Girou a chave com o menor ruído, mas foi ela quem abriu a porta.

— Estava te cuidando pela janela. O Ernesto esteve aqui e me contou tudo. Estou apavorada.

— Tudo bem, querida. Mas, pelo amor de Deus, me deixa tomar um banho primeiro.

— Vai, vai logo, então, Abreu, mas não encharca demais o banheiro, por favor.

Essa mania da esposa de chamá-lo pelo sobrenome, uma graça nos tempos do namoro, agora o agastava. Como também não conseguia suportar o cheiro dos cosméticos que ela usava. E aquele quimono horrível, cetim verde com dragões dourados. E dizer que eu paguei em Hong-Kong uma fortuna por essa porcaria. Melhor tivesse ido dormir com as putas chinesas, como todo mundo. Mas eu não. Só pensava na Arcádia, nas suas pernas abertas, naqueles pelos dourados que me deixavam doido... É tudo falso, custei muito a descobrir que ela pintava até os pentelhos.

Com nojo de si mesmo, o médico foi tirando o fardamento e jogando, peça por peça, na cesta de roupa suja. Arcádia, esse nome que eu gostava tanto quando a conheci, hoje me irrita, me faz passar vergonha. Coisa do pai dela, daquele nojento com cheiro de livro velho. Morreu sem nos deixar um tostão. E ainda sobrou a sogra imortal para sustentar e ouvir as lamúrias...

Alguns minutos depois, deitado na cama ao lado da mulher, o médico começou seu relato. Sim, era verdade o que o irmão dela, jornalista do *Correio da Manhã,* viera correndo lhe contar. Assassinato em massa, ele dissera? Se ele põe isso no jornal, vai preso. Estamos em estado de sítio, diz para o imbecil do teu irmão. Tá bem, vou me acalmar. Mas é que hoje o mundo caiu em cima de mim. Não me atucana, Arcádia, já disse que vou contar tudo para você, tintim por tintim.

Hoje cedo, quando eu cheguei na Ilha das Cobras, um tenente já estava me esperando no trapiche. O Comandante Marques da Rocha queria falar comigo imediatamente. Adoeceu? perguntei por perguntar, e ele me disse que não, com uma cara estranha, como quem está escondendo alguma coisa... Cala a boca, Arcádia, não me atrapalha, se não eu paro de contar.

Daí eu fui na secretaria e encontrei o comandante muito nervoso, com aquele tique puxando o olho esquerdo, que você conhece, mas muito mais exagerado. Ele me olhou por cima da cabeça e disse, meio gaguejando:

– Doutor Abreu, tem aí dezesseis cadáveres, precisa passar os atestados de óbito.

Fiquei espantado. Na ilha não havia nenhum doente passando mal. E o Marques deve ter lido isso na minha cara. Morreram todos de insolação, ele me disse, com a voz querendo manter a autoridade, mas meio tremida, sem convicção. Calma, Arcádia, antes de médico, eu sou um oficial da Armada, você tem que pôr isso na cabeça. Certo ou errado, ele é meu comandante... Quer ficar quieta, tá bom? E não vai fumar aqui no quarto, de jeito nenhum. A minha rinite anda péssima.

Tá certo, eu também estou nervoso, fuma só um ali perto da janela. Que calor maluco, já estou molhado de suor. O quê? Claro que eu fui olhar os cadáveres. E fiquei convencido que aqueles homens tinham morrido de inanição e asfixia. Me poupe, Arcádia, pelo amor de Deus. Não foi preciso autópsia para saber que eles estavam com as narinas entupidas de cal... Daí eu perguntei de onde tinham tirado aqueles infelizes e me responderam que tinha sido da solitária número 5.

Fui lá para conferir. As solitárias são prisões horrorosas, onde o ar só entra depois de passar por dois cubículos estreitos.

Imagine, depois da porta com grades há um espaço pequeníssimo, de um metro, se tanto. Segue-se uma porta toda chapeada de ferro, um espaço igual ao primeiro e outra porta de madeira, só com um pequeno orifício na altura dos meus olhos.

    Se você acender outro cigarro, Arcádia, eu juro que não conto mais nada... Que me importa que seja americano, você já tem cheiro de tabaco até nos cabelos... Vai chorar por isso? Devia chorar é por aqueles coitados, que só um monstro poderia ser posto para apodrecer dentro da masmorra... Quando minha cabeça chegou na altura do orifício que serve para a entrada de ar na solitária, eu recuei aterrado, tão pestilento era o cheiro que vinha de lá. E ainda havia gente viva naquele inferno...

    Você lembra dos jornais falando no Almirante Negro, o tal João Cândido, o que comandava o *Minas Gerais*? Pois só ele e mais outro estavam vivos lá dentro. Deus sabe como conseguiram sobreviver. Mediquei os dois, botei no soro e no oxigênio e fui falar com o Marques... Você sabe que ele passou a noite de Natal com a chave daquela solitária no bolso? E jura que foi a atitude mais certa, que não confia nos carcereiros, que o pior era aqueles bandidos terem fugido. Roncou grosso comigo, mas eu vi que ele está com medo. Parece que o Leão-Marinho ficou furioso porque a imprensa já sabe de tudo. Para mim, o Marques não dura até amanhã no comando da ilha.

    Eu? Não tenho nada com isso. Só fiz o que ele me mandou. Peguei as certidões e tratei de botar a *causa mortis* de insolação para os dezesseis mortos. Mentira?! Olha aqui, Arcádia, seria uma vergonha se eu declarasse que aqueles homens morreram de inanição e asfixia... Ora, vergonha para quem? Para a Marinha, para o Ministro, até para o Marechal Hermes... Claro que vai haver inquérito, mas não vai dar em nada, por causa do estado de sítio. Respingar em mim? De jeito nenhum. Você sabe como a arraia miúda me chama, lá na Ilha das Cobras? Eu já te disse mil vezes? Pois é. Vai dormir em paz. Se eles me chamam de *pai dos soldados*, deve ser por alguma razão...

Nos porões do *Satélite*
Rio de Janeiro, 25 de dezembro de 1910

*L*ogo depois da meia-noite de 24 de dezembro, terminou a descarga do Satélite. No mesmo instante, começou o embarque dos prisioneiros para os porões, ainda imundos. O navio mercante chegara ao porto com uma carga de açúcar bruto, e não deram aos tripulantes nem o tempo de limpar.

A primeira leva, a maior de todas, veio da Casa de Detenção. O capitão de longo curso Carlos Brandão Storry, um dos mais experientes do Lloyd Brasileiro, conferiu em sua prancheta: 293 homens, classificados como ladrões, vagabundos e proxenetas. Um a um, foram sendo contados e desceram para as entranhas do navio cargueiro.

A segunda leva era formada por 44 mulheres, identificadas como prostitutas da mais baixa categoria. Algumas já estavam presas, outras foram recolhidas numa blitz pelas ruas centrais do Rio de Janeiro. Na lista, muitas tinham apenas os prenomes: Catarina, Raimunda, Maria, Conceição. Atordoadas, trazendo como bagagem somente as roupas do corpo, foram empurradas para o fundo dos porões onde já estavam os homens.

A terceira leva, formada por 96 marinheiros, vinha escoltada por soldados do Exército. Segundo as informações, eram elementos subversivos que teriam participado dos motins de 22 de novembro e 10 de dezembro.

A ordem de deportação era assinada pelo 4º Delegado Auxiliar do Distrito Federal, Dr. Flores da Cunha. Mais de quatrocentas pessoas, sem nenhum processo instaurado ou condenação pela justiça, deveriam ser levadas à força para Santo Antônio do Madeira, no Acre. Lá, nos fundões da Amazônia, a ordem era para serem entregues aos responsáveis da Comissão de Linhas Telegráficas e da Companhia de Construção da Estrada de Ferro

Madeira/Mamoré. *Os prisioneiros eram destinados aos trabalhos forçados e as mulheres* a suprir as necessidades urgentes dos homens solitários que por lá trabalhavam.

Para a segurança do transporte, embarcaram cinquenta soldados do Exército, sob o comando do Tenente Francisco Melo e seus auxiliares, tenentes João da Silva Leal e Libânio Matos. Todos fortemente armados e com ordens de atirar contra qualquer indivíduo que tentasse perturbar a ordem. O Satélite levantou âncora e partiu secretamente no amanhecer do dia de Natal.

No dia seguinte, adoeceu um foguista. Tomando conhecimento que o marinheiro José da Rocha, que estava entre os prisioneiros, poderia substituí-lo, o capitão do cargueiro obteve autorização dos militares para que ele subisse ao convés. Assustado, antes de saber do que se tratava, disse que era inocente, chorou e denunciou um motim que estaria sendo tramado para estourar à meia-noite. O cabeça seria o marinheiro Hernani Santos, de apelido Sete, um dos marcados com uma cruz, na lista negra, como elemento da confiança de João Cândido.

Às onze horas da noite, quando o navio passava na altura do Rio Doce, no Espírito Santo, o marinheiro Hernani foi preso e algemado. Por ordem do Tenente Melo, foi levado ao tombadilho, fuzilado e lançado ao mar.

No dia 31 de dezembro, o Satélite ancorou no porto de Recife para abastecer-se de água e carvão. Ali, para maior segurança, foram embarcados mais 28 soldados. O navio partiu barra afora e às duas horas da madrugada do dia do Ano-Novo de 1911, consumou-se mais um crime hediondo. Seis marinheiros suspeitos de cumplicidade com Sete, que viajavam com pés e braços amarrados, foram trazidos dos porões. Cinco deles foram imediatamente fuzilados. Um outro jogou-se ao mar, antes que os soldados pudessem atingi-lo. E afundou com o peso das correntes.

Esse afogado era o famoso Chaminé, o dançarino de maxixe que urinara no cadáver do Comandante Batista das Neves.

AMIGO DO DIABO
Rio de Janeiro, 18 de abril de 1911

Manhã de céu nublado. O Ford pintado de branco, com as armas da Marinha de Guerra, estaciona diante de um velho casarão na Praia Vermelha. Dois fuzileiros navais retiram do interior do automóvel um negro alto e magro, vestido com um fardamento encardido de marinheiro. O homem parece completamente alheio ao que se passa à sua volta. Seguro pelos dois braços, sobe as escadas com dificuldade. Certamente, não tem a menor ideia de que está entrando no Hospital dos Alienados.

Um dos fuzileiros, com as divisas de sargento nos ombros, entrega ao plantonista o ofício enviado pelo Comandante do 55º Batalhão de Infantaria, sediado na Ilha das Cobras. Anexo a ele, está o seguinte atestado médico:

Ao Senhor Contra-Almirante, Dr. Inspetor da Saúde Naval. Levo ao vosso conhecimento que a Junta Médica abaixo assinada, nomeada por esta Inspetoria, em obediência ao ofício número 746, de 3 de abril do corrente ano, do Estado Maior da Armada, foi à Ilha das Cobras onde inspecionou de saúde o marinheiro João Cândido Felisberto e, findo o exame a que o submeteu, e mais instruída pela observação do seu médico assistente, é de parecer que esta praça está sofrendo de astenia cerebral, com melancolia e episódios delirantes, pelo que julgo necessário ser o internamento em lugar conveniente, a fim de ser mais bem observado e tratado. Saúde e fraternidade. Dr. Joaquim Dias Laranjeiras, capitão de fragata, Médico; Dr. Julião Freitas do Amaral, capitão de corveta, Médico; Dr. José Cleomenes da Silva Ferreira, capitão-tenente, Médico.

Submetido o paciente a exames na Seção Pinel do Laboratório Anatomopatológico, inclusive exame ocular, nada foi verificado de anormal. No dia seguinte, um dos médicos psiquiatras anotou em sua ficha as seguintes observações:

É um indivíduo de cor preta, calmo, atitude humilde, de humor variável, ora expansivo, ora reservado e desconfiado. Fisionomia abatida, tornou-se, em seguida, mais animado. Estigmas físicos de degeneração, mais próprios da raça. Orelhas pequenas, lábios aderentes, cabelos curtos e encarapinhados. Nariz achatado, lábios grossos. O indicador da mão direita não tem a falangeta, em virtude de amputação traumática quando carregava um canhão. Uma longa cicatriz de cor escura, de dentro para fora e de cima para baixo, tangencial ao ângulo da omoplata direita. Outra arredondada, ao nível da rótula esquerda. Ligeiros tremores fibrilares da língua. Exame de sensibilidade normal.

Tratando-se de personagem tornado famoso pela imprensa, o Professor Juliano Moreira, diretor do hospital psiquiátrico, designou um médico e um enfermeiro especialmente para acompanharem o caso. E mais anotações foram sendo colocadas na ficha do paciente:

É orientado no meio, tempo e lugar. Fala com precisão, sendo as respostas conexas e refletidas. No dia em que entrou era profundo o seu abatimento, conservando-se mudo e cabisbaixo, trazendo constantemente a mão à cabeça, dizendo unicamente, ao ser inquirido, sentir dor. Alimentou-se, apenas, com um copo de leite. À tarde, falou espontaneamente, entregando quatrocentos réis ao enfermeiro, pedindo-lhe para comprar no dia seguinte o Jornal do Brasil, *onde esperava encontrar qualquer coisa a seu respeito, segundo havia dito um repórter. Às vezes tem-se mostrado irascível, porém, também alegre, e ri gostosamente durante as nossas palestras. Até que ficou mais comunicativo e passou a relatar com precisão fatos da revolta dos marinheiros. Podemos apurar que o nosso observado, quando ainda na prisão da Ilha das Cobras, teve alucinações visuais, auditivas e verbais: viu e ouviu seus companheiros mortos que o chamavam; atribuiu isso à morte dos camaradas no mesmo cárcere em que se encontrava. Acha-se aqui muito melhor. Sabe que está num hospital. Sempre respondeu aos quesitos com certa demora, o que corre por conta de seu receio, que se nota até no olhar.*

Alguns dias depois, novas observações são anotadas, destacando o gosto do paciente pela leitura e as mágoas que tinha com as autoridades brasileiras:

Pediu os jornais para ler, dizendo gostar mais do Correio da Manhã *e do* Diário de Notícias. *Durante o dia, de quando em vez, lê um livro que tomou emprestado a um empregado. Disse tencionar pedir ao Dr. Juliano Moreira um atestado de incapacidade, pois se acha muito desgostoso e tenciona sair do Brasil. Nota-se, mormente, medo diante de pessoas que vê pela primeira vez. Recusa-se delicadamente a escrever o seu nome, alegando estar muito trêmulo. Perguntamos certa vez, dado que corriam boatos de ter ele nascido na Argentina:*
– *És brasileiro?*
– *Sim, e sofrendo muitas injustiças.*
E acrescentou:
– *Neste mundo nem todas as promessas se cumprem. Acreditei na palavra do Marechal Hermes da Fonseca e estou preso nesta desgraça.*

No dia 11 de junho de 1911, um Conselho de Guerra julgou o Comandante Marques da Rocha, acusado da morte de dezesseis prisioneiros encarcerados na solitária número cinco. O promotor, o jovem bacharel paraibano João Pessoa, foi enfático e preciso nos seus argumentos, pedindo a pena de vinte anos de prisão:

O acusado conhecia perfeitamente as solitárias e a sua capacidade, já porque serviu no Batalhão Naval, já porque era ele a pessoa que, formados os presos em frente às prisões, nos dias 23 e 24 de dezembro último, fazia chamada daqueles que tinham vindo com nota de perigosos e ordenava a sua clausura. Conhecia igualmente a situação e condições das prisões, acanhados e abafados compartimentos, encravados nos alicerces de um grande edifício, comunicando-se entre si, internamente, e também para o exterior, mas só por uma porta, úmidos, infectos, sem luz, onde dificilmente penetraria o ar, devido a serem insuficientes e inadequados para sua renovação os orifícios a esse fim destinados. Todas essas circunstâncias demonstram que o réu previa e quis deliberadamente as consequências do seu ato, mandando recolher a essa prisão um número de indivíduos muitas vezes superior ao que ela podia suportar, sob um calor excessivo e uma atmosfera asfixiante, sedentos, famintos e, por conseguinte, com a resistência orgânica grandemente diminuída. O artigo 468, parágrafo único, da Ordenança para o serviço da Armada Brasileira, determina que seja previamente examinado pelo médico todo aquele que tenha de sofrer castigo em célula, a fim de se conhecer o seu estado físico ou patológico e de não ficar comprometida a sua saúde. No entanto, o próprio réu confessa que não mandou examinar os marinheiros e soldados, antes de recolhidos à prisão.

Os membros do Conselho de Guerra, que os jornais diziam terem sido escolhidos a dedo pelo Presidente da República, absolveram o Comandante Marques da Rocha.

Alguns dias depois, quando a Comissão Inspetora de Alienados visitou João Cândido no hospital, ele explicou aos médicos por que perdera a paciência algumas vezes, recusando-se, inclusive, a comer. Uma delas foi quando leu nos jornais a promoção do Comandante Marques da Rocha, logo depois de ser absolvido de todos os seus crimes.

Um inspetor, por ironia, perguntou se ele era seu amigo. A resposta brotou-lhe imediatamente dos lábios trêmulos:

– Amigo do diabo...

O DESTINO FINAL DOS DEGREDADOS
Olinda, Pernambuco, 30 de maio de 1911

Meu venerando conselheiro Doutor Rui Barbosa

Saudações.
Não fora o remorso de que me sinto possuído, por ter-me conservado em silêncio durante tanto tempo em torno dos acontecimentos relatados por Vossa Excelência e pelo digno Deputado Doutor Barbosa Lima, relativos ao fantástico vapor Satélite, *sendo eu sabedor e testemunha ocular da odisseia daqueles quatrocentos desgraçados; não fora, ainda, a grande admiração que, mesmo de longe, me faz acompanhar os vossos passos, certo não usaria da pena para me dirigir a Vossa Excelência.*

Perdoe-me, pois, mestre, e sede bondoso em escutar-me no que vos passo a relatar:

Logo após a campanha eleitoral em que o vosso nome foi sagrado pelo verdadeiro voto do povo, eu, que do vosso lado, desde o primeiro momento da refrega, bati-me pela grande vitória, fui obrigado a ausentar-me da Capital da República, a 5 de novembro do ano passado, data do vosso natalício, para as extremas regiões do Norte. Seguia nomeado para a Comissão de Linhas Telegráficas Estratégicas de Mato Grosso ao Amazonas, como diarista auxiliar do serviço sanitário.

Estava no posto de Belém, no Pará, quando soube ter rebentado a primeira revolta da Armada. Lá mesmo chegou a notícia da anistia. Em Manaus acordei um dia com os gritos dos jornaleiros, que apregoavam a sublevação na Ilha das Cobras, e... as providências enérgicas do Marechal! Estávamos em fins de janeiro, quando, já estando eu na pequena Vila de Santo Antônio do Rio Madeira, ocupando meu lugar na Comissão, soubemos da partida do Satélite, *conduzindo os proscritos.*

> *Era comandante do contingente o 1º Tenente Antônio de Carvalho Borges, interinamente encarregado dos negócios da Comissão, por achar-se ausente o chefe da secção do Norte, 2º Tenente de Cavalaria João Bernardo Lobato, que seguira, dias antes, em exploração ao Rio Candeias, quando soubemos mais exatamente do que se passava. Um radiograma assinado do Ministro da Agricultura, afirmava haver o Coronel Rondon contratado duzentos desses homens para o serviço da Comissão, como diaristas, percebendo uma diária máxima de cinco a seis mil réis e que os outros duzentos eram destinados ao trabalho na Estrada de Ferro Madeira-Mamoré, com sede em Porto Velho, a sete quilômetros, apenas, de Santo Antônio.*
>
> *Os americanos que exploravam o Sindicato da Madeira-Mamoré recusaram-se, porém, a receber os duzentos que lhes eram destinados; o que não impediu que o Governo os mandasse. Os americanos se prepararam para impedir (sic) o desembarque, estabeleceram uma quarentena por ocasião da chegada dos mesmos, a fim de impedir a entrada ou saída de quem quer que fosse dos limites de sua sede. Chegando até a responsabilizar o Governo dos danos ou perdas que tivessem com a chegada daqueles elementos de desordens.*
>
> *Como o Tenente Borges nenhuma ordem tivesse tido no sentido de não recebê-los, mau grado haver radiografado a respeito, resolveu consentir, e assim o fez a 29 de janeiro próximo passado.*
>
> *Posta a prancha no portaló para o barranco do rio, conseguimos entrar a bordo. Aí soubemos estarem recolhidos nos porões do vapor, todos prisioneiros, trezentos e tantos homens e 41 mulheres. Para assumir o subcomando do contingente, vinha no mesmo bordo o 1º Tenente Matos Costa, que, às nossas indagações, nos fez ciente de uma revolta à saída da Bahia, contra a vida do comandante de bordo e mais superiores agaloados, o que deu razão a um reforço em Pernambuco e a resolução do fuzilamento dos chefes, pois haviam para isso tido carta branca do Governo.*
>
> *Formada a companhia com as pragmáticas de estilo, foram escolhidos onze e competentemente manietados. Dez foram passados a fuzil, tendo o décimo primeiro se lançado ao mar.*

Esta foi a afirmação oficial que tivemos. Quanto aos outros, lá estavam hermeticamente guardados, numa clausura de 31 dias, sem verem a luz do sol, sob o regime de uma alimentação forçada, num ambiente mefítico, como sardinhas em latas!

A guarnição formou ao longo do navio armado em guerra, de carabinas embaladas, os porões foram abertos, e, à luz de um sol amazonense, os quatrocentos desgraçados foram guindados, como qualquer coisa, menos corpos humanos, e lançados ao barranco do rio. Eram fisionomias esguedelhadas, mortas de fome, esqueléticas e nuas, como lêmures das antigas senzalas brasileiras. As roupas esfarrapadas deixavam ver todo o corpo. As mulheres, então, estavam reduzidas às camisas.

Imediatamente uma porção de seringueiros apresentou-se e foram escolhendo aos lotes os que mostravam restos de uma robustez passada.

E, assim, foram-se espalhando naquele solo de misérias e de morte, até que ficaram reduzidos a duzentos, inclusive as mulheres, sendo então recolhidos ao acampamento da Comissão. Estas, as mulheres, por determinação do Tenente Matos Costa, que assumiu o comando do contingente no dia seguinte, por havê-lo deixado o Tenente Borges, foram postas para fora e, como lobas famintas, entregaram-se à prostituição para o sustento do corpo. A estas horas, talvez não sobreviva nenhuma.

Dos cento e tantos que ficaram a serviço da Comissão, nem todos eram marinheiros, quase a metade era constituída de trabalhadores, operários, que foram feitos prisioneiros durante o estado de sítio. Como não tivessem acomodações suficientes nos acampamentos da Comissão, estavam todos espalhados aos grupos de dois ou três em pequenas barracas de campanha, expostos às agruras das noites doentias, dormindo na umidade do solo (terrível veículo das enfermidades pavorosas do Amazonas), sem agasalhos nem defesa de mosquiteiros contra os mosquitos das regiões palustres. Amanheciam sob os nevoeiros das friagens malditas, entregavam-se aos labores do dia curvados sobre os serviços mais brutos, nos rigores de uma temperatura mínima de 39 graus centígrados à sombra, sem alimentação compensativa, tudo isso cercado de uma atmosfera de esperanças impossíveis. Todos lhes falavam de melhora futura, de que estavam ali como homens livres, que no fim do mês seus ordenados seriam pagos, como justa recompensa do trabalho deles, enfim, que poderiam, desde que os meios lhes favorecessem, voltar ao seio de suas famílias, ricos, felizes e satisfeitos.

Para a fama que traziam, de haverem intimidado o Governo da República, esses homens criados à lei da natureza, educados na escola que ensina a obediência ilimitada ao superior hierárquico, eram bons demais. Mas um dia chegou o desespero e, como não tivessem para investir e esperar, apenas murmuravam. O murmúrio partiu dos que se achavam acampados em Vila Nova, a três quilômetros do acampamento geral de Henrique Dias, onde estava a enfermaria militar. O responsável era o Dr. Joaquim Tanajura, capitão médico da força policial daí, tendo o autor destas linhas como humilde auxiliar encarregado do serviço interno da enfermaria, na ausência do mesmo. Para ali se dirigiu o comandante 1º Tenente Matos Costa, trazendo os prisioneiros. No trajeto dois deles foram fuzilados pelo mesmo oficial a tiros de pistola Mauser, sendo seus corpos atirados a pontapés para dentro do mato. No acampamento geral, um terceiro foi também passado a fuzil, em presença de todos, para que servisse de exemplo, como diziam. Esse fato aconteceu a 18 de fevereiro próximo passado, cinco dias antes da minha partida para Olinda.

O Tenente Costa fez espalhar que originou esse ato uma sublevação contra as vidas dos funcionários daquela seção de Vila Nova. Todos acharam-na extraordinária.

Eu, sem querer protestar, frisei uma interrogativa, dizendo, como um prognóstico aos fatos que vemos hoje: "Se isso chegar até o Rio, tenente, explodirá muita coisa".

Ele sorriu, dizendo: "Realmente, se contarem ao Barbosa Lima, ele fará publicar tudo. Mas... todos conhecem o Amazonas como um lugar de doenças pavorosas e atestam logo beribéri ou paludismo". E, desta maneira, os outros todos foram dizimados, ou pelas balas ou pela malária!

Por aí Vossa Excelência pode fazer uma pequena ideia do que no Brasil representa aquele recanto de terra. É, aplicando a frase de Hall Caine, "a sepultura dos suicidas da moralidade, a pátria dos proscritos". Ali impera o cinismo, o crime, o contrabando e todas as misérias da humanidade têm couto ali. Nessa mesma comissão de que fiz parte, naquele mesmo lugar em que foram imolados os passageiros do navio-fantasma, também sofrem os soldados, que, recrutados em todos os Estados da União, com as mesmas bazófias de futuro, vão servir de escravos a mando dos braços bordados de galões, chibateados da manhã à noite.

Mas os crimes perpetrados à luz do sol e esse rio perene de sangue hão de ter vingança.

A causa está nas vossas mãos. Entrego-a, ciente de que vos prestei algum auxílio nessa grande obra que vindes de há muito realizando em benefício do nosso futuro e do nosso progresso. Tudo o que vos conto nesta carta é fruto do que vi e, ainda agora, ao relembrar, me sinto horrorizado. Façam dela o uso que lhes convier. Não me oculto no manto fácil do anonimato, porque reconheço a responsabilidade do que disse e, em tudo, tive por base a verdade dos fatos.

Confio em Vossa Excelência e me assino, criado e venerador,
Belfort de Oliveira

Esta carta foi lida por Rui Barbosa em sessão do Senado Federal, no dia 15 de agosto de 1911. Seguiu-se um terrível libelo, dito quase de um só fôlego, onde apenas um trecho bastou para queimar com marca quente a biografia do Marechal Hermes da Fonseca e dos demais responsáveis por tantos crimes:

À presença de fatos como estes, só o que sinto no mais íntimo da minha alma é a miséria da linguagem humana, esgotada, gasta, já sem serventia para servir de látego sobre a cabeça de criminosos desta categoria e desta monstruosidade.

O SONHO DA LIBERDADE
Rio de Janeiro, 13 de maio de 1911

João Cândido olhou estarrecido para o médico. E mais ainda para a entrada de teatro que ele colocou sobre a pequena mesa de cabeceira, sem dizer nada. Não era a primeira vez que saía, à noite, com autorização informal do Dr. Juliano Moreira. Aproveitava para passar algumas horas de amor com Aiabá, a sua rainha. O diretor do Hospital dos Alienados, um santo homem, como ele dizia, sempre conversava com o paciente como uma pessoa normal.

– Como vai indo o seu livro?

O marinheiro levou um susto.

– Como o senhor sabe disso?

O médico sorriu, tirou os óculos de aros de tartaruga e limpou-os com uma das pontas do jaleco branco. Depois os recolocou sobre o nariz, num gesto automático, e sentou-se na cadeira ao lado da cama.

– Sei tudo o que se passa neste velho casarão. Fui eu que permiti ao paciente de apelido Castanhola vir ao seu quarto para receber o ditado. Além disso, tudo o que acontece com cada um de vocês é registrado na ficha médica.

João Cândido olhou, com grande suavidade, nos olhos do diretor, aumentados pelos óculos de vidros grossos.

– E o que mais está registrado na minha ficha, doutor, se eu posso saber?

– Pode saber sim, por que não? Você foi internado no meu hospital porque, na prisão, manifestava alucinações e delírios. Nada disso observamos aqui. O medo e a cautela, que você demonstrou nos primeiros dias, poderiam ser tomados como atitudes paranoides, mas são reações normais, adequadas diante do ocorrido. *Você é um homem calmo, até humilde, tem boa memória, associa as ideias perfeitamente.*

Duas mãos negras ergueram-se, ao mesmo tempo, mostrando as palmas brancas ao médico.

– *Calma, doutor. Isso aconteceu porque este seu hospital, para mim, é um verdadeiro paraíso. Até o mar eu posso ver da minha janela. E aquela prisão da Ilha das Cobras foi muito pior do que o inferno.*

– *Você pode ter tido, em linguagem médica, um momento psicótico defensivo, sua imaginação pode ter exagerado um pouco...*

As mãos enormes voltaram a apoiar-se nos joelhos, sobre o tecido áspero do pijama azul.

– *Vou lhe dar para ler as páginas das minhas memórias que já estão escritas. No começo, falo da minha infância, depois da revolta de novembro e, no final, descrevo aquela catacumba onde fomos enterrados vivos. Dizem que ela é muito pior do que a outra masmorra, ali perto, onde esteve preso o Tiradentes, mas isso eu só sei de ouvir dizer. Por um milagre, eu e o Pau da Lira, um soldado de infantaria naval, conseguimos sobreviver. Os outros foram fervidos pela água com cal que eles jogaram lá dentro. Alguns já estavam podres quando foram tirados daquela solitária maldita.*

Um arrepio percorreu o corpo do médico. Depois, seus maxilares se contraíram ao ponto de doer. Mas era preciso controlar-se, não incitar ainda mais o paciente ao ódio, ainda mais ele sabendo qual seria o seu destino. Respirou fundo e deixou os ombros retornarem à posição normal.

– *Está bem, vou ler as suas memórias. Você já pensou em onde vai publicá-las?*

João Cândido também relaxou o corpo, antes de responder.

– *Lembra do Júlio Medeiros? Aquele jornalista que foi o primeiro a entrar no* Minas Gerais *durante a nossa revolta? Um baixinho, não se recorda? Tem um retrato dele junto conosco no convés do navio, que saiu na capa do jornal. Sei que o Júlio esteve aqui e falou com o senhor, logo que eu fui internado.*

O médico tirou os óculos e limpou-os novamente. Enquanto o fazia, fixou no paciente os seus olhos castanhos, muito míopes.

– Lembro, sim. Ele lhe deixou alguns maços de cigarros e jornais. Elogiou muito a sua pessoa. Mas não me foi possível permitir o ingresso dele nesta área do hospital. Ainda mais nos primeiros dias, quando ainda não tínhamos um diagnóstico formado a seu respeito.

João Cândido sacudiu a cabeça, desconsolado.

– Consegui me comunicar com o Júlio por carta. Ele me respondeu que ainda é cedo para vencer as resistências do editor. Que o tal homem não quer ferir as autoridades do Governo e da Armada. Eles ficaram com medo, só isso...

– Esse jornalista leu as suas memórias?

– Não leu. Tudo o que o Castanhola escreveu, ditado por mim, está aqui nesta gaveta. Depois que ele deu alta, eu continuei mais um pouco, mas esta minha mão, desde que perdi a ponta do dedo, não me obedece direito. Eu canso e me irrito.

O médico levantou-se. João Cândido sentou-se na beira da cama e abriu a gaveta da mesa de cabeceira. Tirou de dentro um maço de folhas de papel, acomodou-as para ficarem bem parelhas e entregou-as ao médico.

– A letra do Castanhola é bem grande e clara. Ele me disse que aprendeu com a mãe, que era professora.

O diretor apontou para uma pequena fotografia que estava sobre a mesinha.

– E essa senhora, João Cândido? É a sua mãe?

O marinheiro sacudiu a cabeça, concordando. E, imediatamente, seus olhos se encheram de lágrimas.

– Ignácia era o nome dela, doutor. Morreu em 1906. Eu estava sabe Deus onde, acho que no Mato Grosso, e só fiquei sabendo muitos meses depois. Lembro melhor dela moça, bem mais moça do que nesse retrato. Uma mulher alta e forte. Mas era muito suave com os filhos, nunca batia em nós.

O médico suspirou, levou a mão aos óculos, mas interrompeu o gesto, estando a outra mão segurando os papéis.

– Amanhã mesmo devolvo para você.

— *Não tem pressa, doutor. Pode ler com calma.*
Mas tinha pressa. Com o diagnóstico que os psiquiatras haviam estabelecido, João Cândido deveria, em curto espaço de tempo, receber alta. Como dizer-lhe isso? Como explicar-lhe que ele seria obrigado a entregá-lo novamente aos seus algozes? Aqui no hospital, sentindo-se protegido, o infeliz retomara o curso normal do pensamento. Está bem orientado no tempo e no espaço, sabe quem é, tem consciência da brutalidade e traição que sofreu. Se o enterrarem outra vez numa solitária, o trauma cumulativo pode trazer de volta todas as alucinações.

Por isso, tendo certeza que João Cândido poderia morrer louco voltando àquela prisão, o médico lhe dera uma entrada para o Teatro Chanteclair. Ele que aproveitasse a desculpa, naquela noite de 13 de maio, a data da libertação dos escravos, e tratasse de fugir para bem longe. Até para outro país, como era seu desejo.

Antes de entrar no gabinete ensolarado, o Professor Moreira disse a seu assistente que estaria ocupado por, no mínimo, uma hora, e que só o interrompesse em caso de força maior. Entrou, passou a chave na porta e dirigiu-se ao bureau *perfeitamente ordenado. Sentou-se, acomodou as folhas de papel almaço bem à sua frente e trocou os óculos de aros de tartaruga por outros, mais leves, destinados à leitura. Acendeu um charuto, puxou a fumaça com delícia e concentrou-se no manuscrito.*

Na primeira página, bem traçado em letras maiúsculas, estava o título das memórias: O SONHO DA LIBERDADE.

Já nas linhas iniciais, o médico foi conquistado pelas palavras de João Cândido sobre a sua infância:

O Bambaquererê
Encruzilhada, outono de 1888

O menino acordou com o batuque. Por alguns momentos, ficou de olhos fechados, tentando dormir novamente. Quando a névoa do sono se dissipou o suficiente, abriu os olhos e continuou no escuro. Sentou-se na beira da cama muito baixa e levantou-se, sentindo nos pés o chão de terra socada, duro e frio. Caminhou com cuidado entre os outros catres, para não acordar os irmãos. Foi até a janela e abriu-a, empurrando as tábuas ásperas. O som dos tambores redobrou de intensidade. Entre as árvores de um bosque próximo, percebeu luzes que acompanhavam o batuque, piscando junto a outra bem maior, certamente uma fogueira.

O JULGAMENTO DOS AMOTINADOS
Ilha das Cobras, 29 de novembro de 1912

Sol a pino sobre um dos pavilhões restaurados do antigo Hospital da Marinha. Numa sala acanhada, um grupo de militares e civis se amontoa e transpira sob as fardas e fatiotas, apesar das janelas abertas. Exatamente ao meio-dia, um negro alto e magro, vestido com um uniforme em andrajos, é trazido para julgamento. Em quase nada se assemelha ao famoso Almirante Negro que, há dois anos, sacudira de temor e admiração um milhão de habitantes do Rio de Janeiro. Seus pulmões, devorados pela tuberculose, obrigam-no a tossir ao menor esforço. O rosto barbudo dá-lhe um aspecto ainda mais desleixado. Apenas a postura digna e a cabeça erguida ainda guardam alguns resquícios do seu passado militar.

Diferentes olhares contemplam o réu. O do auditor de Marinha, Bulcão Viana, é de sofrimento. Ele está ali apenas por obrigação profissional, e luta para controlar a dor da sua gastrite crônica. Os demais juízes, Almirante João Adolfo dos Santos, presidente do Conselho de Guerra, capitão de fragata Pedro Marques Frontin, capitães de corveta Severino Oliveira Maia, Wenceslau Albuquerque Caldas e João Carlos Alves Siqueira olham fixamente para o réu, sem esconder a má impressão que lhes causa. O interrogante, capitão de mar e guerra Artur Alvim, mal lhe dedica uma rápida mirada, preocupado que está em entender-se com o escrevente. O único olhar penalizado é o do promotor, João Pessoa, encarregado da acusação. Os olhares dos advogados da defesa, Monteiro de Barros, Jerônimo de Carvalho e Evaristo de Moraes, procuram encorajar o réu, embora sabendo que ele está somente atento ao interrogatório.

Os três advogados, alguns dos melhores do Rio de Janeiro, tinham sido contratados pela Irmandade da Igreja

Nossa Senhora do Rosário, protetora dos pretos, que lutara abertamente pela abolição da escravatura. E só estabeleceram uma condição: nada receberiam pela defesa dos réus.

A voz nasalada de Alvim quebra o silêncio geral:
– Como se chama?
– João Cândido Felisberto – responde o acusado, buscando dar firmeza à voz.
– De quem é filho e de onde é natural?
– Sou filho de João Cândido Velho e Ignácia Cândido Velho. Peço que fique consignada uma retificação. Não sou argentino, conforme foi dito e escreveram. Sou brasileiro.
– Nasceu na cidade do Rio Grande ou na capital do Estado?
– Nasci na Vila da Encruzilhada, em Rio Pardo, no Rio Grande do Sul, no dia 24 de junho de 1880.
– Há quanto tempo está na Armada?
– Sou praça desde 10 de dezembro de 1895, da 40ª Companhia do Corpo de Marinheiros Nacionais.
– Sabe a causa da sua prisão?
– Não, senhor.
– Depois de anistiado na Revolta da Esquadra, em novembro de 1910, tentou unir-se aos amotinados do dia 10 de dezembro. Sem autorização dos seus superiores, em evidente apoio aos sublevados, você manobrou o *Minas Gerais* do lugar onde estava ancorado, no poço, para a Ilha de Mocanguê.
– Assumo inteira responsabilidade por essa manobra.
– E por que a realizou? Para ajudar os rebeldes?
– Não, senhor. Foi para tirar o navio da linha de fogo e evitar mortes.
– Uma decisão que não lhe cabia, como simples timoneiro.
– Tive que tomar essa providência, senhor, porque o Comandante Pereira Leite e seus oficiais tinham deixado o navio algumas horas antes da rebelião na ilha.
– Deixaram o navio porque foram forçados?

— Negativo, senhor. Nós lhes garantimos subordinação às suas ordens. Mesmo com os oficiais ausentes durante o combate, atiramos contra essa ilha com o único canhão de que dispúnhamos. Tanto isso é verdade que, no dia seguinte, ao retornar ao *Minas Gerais*, o Comandante Pereira Leite felicitou-me, em nome do Presidente da República, pela lealdade com que me conduzira.

— O que não consta dos autos do processo. Sabe por quê?

— Não, senhor, mas essa é a verdade. E tenho certeza que será assim o seu testemunho.

— Além da sua palavra, tem fatos que provem ou mostrem a sua inocência?

— Tenho. Os meus advogados farão a minha defesa.

João Cândido é retirado da frente dos juízes e imediatamente substituído por Manoel Gregório do Nascimento, que comandara a revolta de novembro no *São Paulo*. Segue-se o interrogatório de Francisco Dias Martins, do *Bahia*, e de mais sete marinheiros. Um total de apenas dez, dos setenta acusados. Os demais estão desaparecidos, como André Avelino, do *Deodoro*, que teria fugido para o Nordeste. Dezesseis haviam morrido de *insolação*. Onze tinham sido fuzilados e um afogado durante a viagem do *Satélite*. Em linguagem jurídica, todos os ausentes, muitos deles levados à força para os confins da Amazônia, serão julgados à revelia como *extraviados*.

Edmundo Bittencourt, na primeira página do *Correio da Manhã*, escreve um corajoso artigo em que destaca este absurdo:

> *O desaparecimento dos sessenta réus, dos quais alguns foram barbaramente fuzilados; a baixa dada às testemunhas quando se achavam já sob a jurisdição do Conselho de Guerra; a nomeação do Comandante Frontin, personagem importante no bombardeio da Ilha das Cobras, para juiz desse Tribunal; os embaraços opostos pelo Quartel General ao julgamento dos acusados; o afastamento*

dos juízes para fora desta capital, por sucessivas nomeações para misteres estranhos ao serviço judiciário; tudo isso, aliado a outros atentados, deixaria o Governo em situação verdadeiramente infeliz e ele precisa abafar o escândalo que o conhecimento desses fatos repugnantes vai produzir na opinião pública.

A Bíblia rasgada
Ilha das Cobras, 30 de novembro de 1912

Duas horas da madrugada. Graças à interferência dos advogados, João Cândido não foi levado de volta à prisão. Em uma pequena sala, próxima ao local do julgamento, com guarda de arma embalada à porta, ficou repassando alguns pontos do seu depoimento para a sessão do dia seguinte.

Evaristo de Moraes, lutando para vencer o sono, ergueu os olhos de suas anotações. Bateu nos bolsos à procura dos cigarros, encontrou o maço e ofereceu-o ao marinheiro.

– Obrigado, senhor. Nunca fumei dessa marca. Vou aceitar um.

O jovem advogado bateu o isqueiro e acendeu os dois cigarros na boca, passando um deles a João Cândido. Imediatamente, deu-se conta de que só fazia isso com sua mulher, em ocasiões especiais, e ficou constrangido. Deu uma tragada funda e expeliu a fumaça lentamente.

– É uma lástima que você tenha extraviado as suas memórias. Segundo a ficha médica, trata-se de um documento importante, que eu poderia ler diante do Conselho, para tentar sacudir a consciência de algum desses juízes.

– Eu nunca extraviei as minhas memórias.

– Então, me diga, escondeu-as em algum lugar?

João Cândido sacudiu a cabeça, em negativa.

– Em vez de deixar tudo com o meu doutor, fiz a besteira de trazer os papéis para cá. E os carcereiros, em sua fúria, não respeitaram nada que era meu. Rasgaram até uma Bíblia que um pastor protestante tinha me presenteado no hospital.

– Rasgaram as suas memórias também?

– Sim, senhor. Destruíram tudo que eu trazia comigo, até o único retrato que eu tinha da minha mãe...

– ...
– *Para dizer a verdade, tudo, mesmo, eles não destruíram. Quando me mandaram de volta para esta ilha do diabo, eu trouxe muitos maços de cigarros para os meus companheiros. Comprei com dinheiro que algumas famílias mandavam para mim, gente que eu nem sei quem são. Esse fumo todo eles roubaram e dividiram entre eles, senhor.*
– ...
– *Saí de um paraíso para cair, novamente, no inferno. Fiquei nu da cintura para cima numa prisão com água infiltrada, que chegava a correr pelas paredes...*
– A mesma da primeira vez?
– *Não, senhor. Eles não tiveram coragem, depois do julgamento do Comandante Marques. Pelo menos, dava para respirar na outra solitária. Mas fiquei incomunicável. Tinha até engordado no hospital e emagreci muito, porque aquela comida faria vomitar os porcos.*

Irritado, Evaristo retomou a pena e fez mais algumas anotações.

– Foi quando você caiu doente?
– *Sim, senhor. Foi quando esta tísica voltou. Me levaram para o Hospital de Marinha e, depois, não sei por que cargas d'água, me removeram para o Hospital do Exército. Quando melhorei um pouco, me trouxeram de volta. O meu destino é mesmo ficar nesta ilha desgraçada.*

O advogado ergueu o peito, sentindo uma profunda emoção.

– Dou-lhe a minha palavra que vamos arrancá-lo daqui, João Cândido.
– *Como falava a minha mãe numa hora dessas:* que os anjos digam amém.

Evaristo ergueu-se e movimentou os braços, sentindo uma imensa vontade de tomar um banho de chuveiro, ensaboar o corpo, deitar-se numa cama com lençóis limpos.

– Tente dormir um pouco, marinheiro. Amanhã vai ser um dia difícil para todos nós.

— Posso tentar, senhor, se é uma ordem. Mas estou com a cabeça pesada demais.

Evaristo voltou a sentar-se diante da escrivaninha e remexer em seus papéis. João Cândido espichou-se sobre uma manta militar, diretamente no chão. Virou-se para a parede, evitando a luz da lâmpada que pendia de um fio do alto do teto, e fechou os olhos. Imediatamente sentiu o cheiro de Aiabá e transportou-se para bem longe dali.

A sua rainha estava nua sobre a estreita cama de solteiro, os seios erguendo-se ao ritmo da respiração acelerada. Ele, também nu, mantinha-se ajoelhado no chão, junto da cama, a mão esquerda mergulhada entre as longas pernas de Aiabá, sentindo o interior do seu sexo como uma concha nacarada. A mão direita acariciava-lhe a nuca, sob os cabelos fartos, enquanto a mão esquerda da mulher amada subia e descia pelo seu membro duro e latejante. Ambos gemiam, abafando a vontade de gritar.

A voz rouca de Aiabá soou bem junto do seu ouvido:

— Vem agora e entra em mim, meu orixá.

João Cândido subiu para a cama, ergueu Aiabá com seus braços poderosos e colocou-a ajoelhada, com as pernas bem abertas, à sua frente.

— Tu que vais entrar nele, minha rainha.

Ela obedeceu, baixando e subindo as ancas, lentamente, fazendo o membro enorme desaparecer entre os seus pelos. As mãos de palmas brancas fecharam-se comprimindo os seios negros. Os dois corpos estremeceram ao mesmo tempo e galoparam juntos na loucura da paixão. As mãos de João Cândido desceram para as ancas de Aiabá e atraíram seu corpo suado mais e mais contra o seu próprio corpo. Até sentir um rio de amor correr de dentro de si.

Ofegantes, ficaram muito tempo um sobre o outro, até que Aiabá ergueu-se da cama e disse, suspirando:

— Agora vou jogar os búzios para você. Se não vai fugir, temos que saber qual será o seu destino.

— Não posso fugir, tu sabes. O meu doutor seria acusado, poderia ir a Conselho de Guerra. E eu também sou responsável *pelos meus camaradas presos. Um dia eles terão que nos julgar, e eu quero estar com eles, assumir o que fiz de certo e errado.*

Aiabá já não o escutava mais, seus olhos devorando a posição das conchas que jogara no assoalho, sobre um pequeno tapete azul.

– Os orixás fecharam mesmo o seu corpo, principalmente Ogum, o santo guerreiro. Você vai morrer de velho, meu amor.

A SENTENÇA DA JUSTIÇA MILITAR
Ilha das Cobras, 1º de dezembro de 1912

Os dez acusados estavam exaustos. Quase 48 horas ouvindo verdades e mentiras sobre situações que viveram há bem pouco tempo. Os termos jurídicos complicados eram como o refluxo da maré. Quando não entendiam nada, podiam navegar para longe daquela sala acanhada, imunda, mal iluminada, onde eram julgados secretamente. Nenhum jornalista ou fotógrafo conseguiu desembarcar na Ilha das Cobras durante aqueles dois dias. E, se o fizessem, teriam que atravessar toda uma fortaleza em armas, defrontar-se com sentinelas a cada passo.

O mais jovem dos réus, Alfredo Maia, com apenas dezesseis anos, chegou a dormir mais de uma vez, a cabeça apoiada no ombro de um companheiro. João Cândido, meio carrancudo, sempre altivo, não desviava os olhos dos juízes. Palavras, milhões de palavras ficaram ressoando nos seus ouvidos. Primeiro as de acusação, que soaram como pancadas brutais, fazendo com que estreitasse os olhos e cerrasse os punhos. Depois, as dos três advogados de defesa, que aliviavam a sua tensão, palavras musicais como uma sinfonia:

– Não venho por interesse material fazer a defesa de João Cândido. Quero prestar um serviço à causa da Justiça. Este homem nunca pensou em desrespeitar ninguém empunhando armas, não quis desprestigiar a farda de seus superiores hierárquicos. Lutou apenas contra a chibata, o maldito *gato de nove caudas,* crueldade que aviltava a nossa Pátria, a nossa Marinha.

"Não quero suscitar paixões, mas reconheço a generosidade do proceder de João Cândido. O seu ato foi um ato humano, de justiça, realçado ainda mais nesta época política. Estivemos à sua mercê e ele nos poupou. Todo o País tremeu ante os marinheiros, a anistia saiu desse pavor.

"Compareço a este tribunal pelo meu sentimento cívico, meus sentimentos de homem que se revolta contra todas as iniquidades. Não falo como advogado. Falo como cidadão, protestando contra as tiranias e os vilipêndios ao Direito.

"Neste Conselho de Guerra nada consta contra os réus no episódio do levante da Ilha das Cobras, com exceção do segundo-tenente Azeredo Coutinho, que só veio dizer inverdades e não merece fé. Levantam-se contra o seu depoimento os dignos oficiais João Pereira Leite, Sadock de Sá e Nelson Jurema – os dois primeiros, respectivamente, Comandante e imediato do *Minas Gerais*. Nenhum fato articulam contra o acusado, elogiando, ao contrário, a sua conduta.

"Os marinheiros estavam sobressaltados com os boatos, sabendo que alguns de seus companheiros já haviam sido passados pelas armas, sem nenhum processo. João Cândido não praticou nenhum delito, a não ser aquele contra o uso maldito da chibata, extinto pela concessão da anistia. Conquistada aquela vitória, extirpado o último resquício da escravidão na Armada de Guerra, ele recusou-se a participar de um motim do qual, até hoje, ignora as razões. Um motim que poderia até, *poderia*, ressaltamos o condicional do verbo, ter sido provocado para motivar o estado de sítio.

"Por que João Cândido, sem ordens superiores, moveu o *dreadnought* para a Ilha de Mocanguê? Porque a bordo não existiam oficiais. O capitão de mar e guerra João Pereira Leite assumiu a responsabilidade de ter deixado o navio, juntamente com seus oficiais. E confirma ter lido o rádio que João Cândido passou ao Ministério da Marinha no calor dos acontecimentos: *Rádio – R.G.T.N. 64 – 10 H – 7,55. Urgente. Sr. Ministro da Marinha. Guarnição "Minas" fiel e pronta para auxiliar Governo. Estamos vossas ordens.*

"O depoimento do Comandante Pereira Leite é uma prova irrefutável da inocência dos réus. Ele é o melhor testemunho de que o chefe dos marinheiros não tomou parte no levante da Ilha das Cobras, conforme é acusado e arrisca ser condenado a muitos anos de prisão com trabalhos forçados.

"Este processo demonstra à saciedade a violência, o arbítrio com que vinha agindo o poder, desrespeitando todas as garantias asseguradas na Constituição da República. Deixando apodrecer no cárcere dezesseis homens e, mesmo depois dessas mortes, manterem vários outros dormindo no chão de barro e passando fome, sem que, passados quase dois anos, se tivesse verificado qual a parcela de culpa de cada um.

"Como no julgamento de Tiradentes, que também esteve prisioneiro durante dois anos em uma destas masmorras, apenas dez acusados estão no banco dos réus, dos muitos que não foram localizados pela polícia militar. E a cabeça de um deles é, de fato, a única desejada para a vingança dos que, não conseguindo eliminá-lo por outros meios, buscam agora os meios judiciais. No entanto, por maiores que sejam os obstáculos e os erros processuais para o pleno direito de defesa, aspiramos que hoje se faça justiça, ainda que tardia."

Finalmente, os membros do Conselho de Guerra, às três horas da madrugada, pronunciaram a sentença:

Considerando que o crime imputado aos réus está definido no artigo 93, do Código Penal Militar, que assim dispõe:

Serão considerados em estado de revolta ou motim os indivíduos a serviço da Marinha de Guerra que, reunidos em número de quatro, pelo menos, e armados: 1º – Recusarem, à primeira intimação recebida, obedecer à ordem de seu superior; 2º – Praticarem violências, fazendo ou não uso das armas, e recusarem dispersar-se ou entrar na ordem à voz de seu superior; 3º – Maquinarem contra a autoridade do comandante, ou a segurança do navio; 4º – Fugirem, desobedecendo à intimação para voltarem a seu posto; 5º – Procederem contra as ordens estabelecidas ou dadas na ocasião, ou absterem-se propositadamente de as executar.

Pena: os cabeças, de prisão com trabalho por dez a trinta anos; os demais corréus, de prisão com trabalho por dois a oito anos.

Considerando que a simples transcrição do texto legal, em seguida ao resumo da prova coligida no processo, revela desde logo a improcedência da acusação...

Um ruído espontâneo brotou do grupo de advogados da defesa. E logo foi entendido pelos acusados, agora em estado de alerta. Alguns chegaram a levantar-se, como se quisessem abraçar os seus defensores. A sineta do Almirante João Adolfo dos Santos, Presidente do Conselho de Guerra, recebeu pancadas fortes, obtendo imediato silêncio. Mas, agora, os sorrisos distendiam os rostos emagrecidos, lágrimas brilhavam nos olhos cercados de olheiras profundas.

Considerando que, se a respeito da maioria dos réus nada dizem as testemunhas que autorize sequer a suspeita de que foram achados em falta, a respeito dos restantes referem simplesmente fatos que não se enquadram nessa definição legal;

Considerando que a mudança de ancoradouro do navio, para evitar que fosse atingido pelos projéteis dos rebeldes, a expedição de radiogramas ao Governo protestando solidariedade e os disparos feitos do Minas Gerais *contra a ilha revoltada, únicos fatos apurados com relação ao réu João Cândido, não só não constituem infração do preceito transcrito, como ainda induzem à prova de que os réus não estavam de inteligência com os insurretos, e, pelo contrário, se dispunham a combatê-los, mantendo-se fiéis à legalidade;*

Considerando que esse propósito é ainda revelado por diversos fatos referidos pelas testemunhas, insuspeitas e autorizadas, porque são os próprios oficiais do navio a que pertenciam os réus e que foi abandonado pelo comandante do Minas Gerais, *capitão de mar e guerra Pereira Leite, que, no dizer da segunda testemunha, capitão-tenente Nelson Peixoto, se congratulou com a guarnição por não haver tomado parte na segunda revolta;*

Considerando que, assim, seria iníquo e absurdo atribuir àquelas demonstrações o caráter de atos sediciosos para o efeito de punir seus autores como cúmplices de uma rebelião, quando o que se lhes censura é exatamente o fato de se haverem excedido na reprovação dela e no propósito de combatê-la;

Considerando, finalmente, que não existe nos autos nenhuma prova de que os réus tenham praticado qualquer ato que revista a figura jurídica do artigo 93 do Código Militar, este Conselho de Guerra, por unanimidade de votos, julga não provada a acusação para o fim de absolver, como absolve, os réus João Cândido, Ernesto Roberto dos Santos, Deusdedit Teles de Andrade, Francisco Dias Martins, Raul Faria Neto, Alfredo Maia, João Agostinho, Vitorio Nicácio de Oliveira, Antônio de Paula e Manoel Gregório do Nascimento.

Os três advogados da defesa aproximaram-se de João Cândido, exultantes de alegria. O marinheiro os abraçou como se fossem seus irmãos, em especial o jovem Evaristo Moraes, que cumprira a promessa de tirá-lo daquela ilha maldita. Depois, vencido pela emoção, chorou pela primeira vez ao lado dos seus camaradas marinheiros, dos seus companheiros de luta.

Epílogo
Rio de Janeiro, primavera de 1953

O homem desceu do trapiche para dentro do caíque e voltou a sentir a mesma euforia. Em qualquer barco onde entrava, até na Barca da Cantareira, onde fazia o percurso do Rio a Niterói, duas a três vezes por ano, ele sempre se sentia feliz. Com água por debaixo do casco, seus pés bem plantados no fundo de madeira, teve vontade de ficar ali na extremidade da proa, respirando fundo o ar marinho.

    Com delicadeza, seus dois companheiros o obrigaram a sentar bem no meio do pequeno barco. E eles tinham razão. Aos 73 anos de idade, fora da Marinha há quarenta anos, aquele vendedor de peixe da Praça 15, atacado de artrite, perdera toda a sua agilidade. Felizmente, ou não, ainda mantinha intacta a memória, recordando cada momento da sua vida com incrível clareza. Assim, o cheiro das águas sujas da baía levou-o de volta ao pequeno ancoradouro de Rio Pardo, numa longínqua madrugada de 1890.

    Noite escura na hora do embarque, com o céu anunciando chuva. Cheiro de alcatrão e lodo remexido. No rosto, as lágrimas da mãe, ainda quentes. Apertado na mão direita, o relógio redondo do pai. Nas costas, uma bruaca de couro novo com as suas coisas. Nada de botas de garrão de potro, nem pés descalços. As alpargatas uruguaias, de sola de corda, não escorregavam na subida do trapiche. Chegou ao convés e meteu-se num canto para não atrapalhar o movimento dos marinheiros. Pela primeira vez iria descer o Rio Jacuí até Porto Alegre. Depois, não tinha nem ideia. Nenhum mapa para imaginar a viagem pela Lagoa dos Patos até o porto de Rio Grande.

    Quando o menino se deu conta, as margens bordadas de mato ganharam vida e começaram a se mexer para trás. O sol *já nasceu quente e alguém lhe deu uma caneca de café preto e uma bolacha dura. Quando viu um lote de gado pastando num descampado, sentiu outra vez vontade de chorar.*

Não lembrava mais de como chegara até o beliche bem do fundo, dentro do navio a vela que estalava muito, uma relíquia da Guerra do Paraguai. Só lembrava da primeira noite. Daquela mão peluda que lhe tomara o relógio do pai, do cheiro ruim da boca do homem, e da voz bem perto do seu ouvido:

— Dá ele pra mim, que eu não deixo ninguém tocar nessa tua carne macia.

Deixou que ele ficasse com o relógio, mas passou a noite em claro, sem chorar. No pescoço, por baixo da camisa, confiava no escapulário da mãe e na pequena corrente de ferro, com a proteção de Ogum. Mas, por via das dúvidas, no bolso direito da calça, apertava o cabo da faca, outro presente do avô.

Passada a sensação de nojo, sorriu na escuridão porque um lenço vermelho brilhou diante de seus olhos míopes. E a voz levemente rouca de Aiabá soou tranquila na solidão da encruzilhada.

— Agora, meu homem, vamos colocar teu lenço entre as oferendas e acender as velas brancas, azuis e vermelhas para os nossos orixás.

— E depois?

— Depois vamos derramar água e mel em nossas mãos e passá-las nas pedras que Oxalá colocou aqui antes da chegada dos índios, dos brancos e dos negros. Um pedido antecipado de perdão para o sangue que vocês irão derramar.

Haveria perdão para tanto sangue derramado? Ele não seria capaz de dizer. Mas nunca se arrependera de ter liderado aquela revolta. De ter ajudado a livrar a Marinha da vergonha do gato de nove caudas. De ter sido no convés daquele enorme monte de ferro velho que acabara realmente a escravidão no Brasil.

O caíque se aproximava a força de remos do ancoradouro onde estava o Minas Gerais, ou o que restava dele. Pelos jornais, João Cândido ficara sabendo que a Marinha colocara o velho dreadnough à venda, como sucata. E o repórter Aor Ribeiro o trouxera ali para que o visse pela última vez.

Sem as torres e os canhões, abandonado e silencioso, o encouraçado parecia uma caricatura grotesca de si mesmo. Do navio invencível que as crianças brasileiras desenharam com orgulho em seus cadernos escolares.

Mas, para o Almirante Negro, o Minas Gerais *continuava o mesmo navio de linhas harmoniosas que ele vira nascer no porto inglês de Newcastle-on-Tyne. Maior e mais poderoso que o encouraçado* Potemkin. *E, como o navio russo, um símbolo eterno de luta pela liberdade.*

João Cândido ergueu as suas mãos e encostou as palmas brancas no casco áspero e frio, comido de ferrugem. E acariciou-o numa emocionada despedida.

Depois, ouviu em sua mente o toque de Ogum e lembrou-se de que o encouraçado iria morrer e ele, João Cândido, ainda viveria muitos anos. Chamou o corneteiro e deu-lhe a ordem. O bocal do clarim foi encostado em dois lábios grossos. E as notas do toque de silêncio ecoaram pelo convés do navio, vibrantes e ternas, perdendo-se depois nas águas negras do mar.

lepmeditores
www.lpm.com.br
o site que conta tudo

IMPRESSÃO:

PALLOTTI
GRÁFICA

Santa Maria · RS | Fone: (55) 3220.4500
www.graficapallotti.com.br